大方廣佛華嚴經

일러두기

1. 『대방광불화엄경 강설』 원문原文의 저본底本은 근세에 교정이 가장 잘 되었다고 정평이 나 있는 대만臺灣의 불타교육기금회佛陀敎育基金會에서 출판한 『화엄경소초華嚴經疏鈔』본입니다.

2. 『대방광불화엄경 강설』은 실차난타實叉難陀가 695년부터 699년까지 4년에 걸쳐 번역해 낸 80권본卷本 『대방광불화엄경』을 우리말로 옮기고 강설을 붙인 것입니다.

3. 『대방광불화엄경』은 애초 산스크리트에서 한역漢譯된 경전이지만 현재 산스크리트본은 소실된 상태입니다. 산스크리트를 음차한 경우 굳이 원래 소리를 표기하려고 하기보다는 『표준국어대사전』이나 『불교사전』 등에 등재된 한자음을 사용하는 것을 원칙으로 하였습니다.

4. 경문의 한글 번역은 동국역경원본을 참고하여 그대로 또는 첨삭을 하며 의미대로 번역하고 다듬었습니다.

5. 각 품마다 내용에 따라 단락을 나누고 제목을 달았습니다. 단락의 제목은 주로 청량淸涼스님의 견해에 기초하였고 이통현李通玄장자의 견해를 참고로 하였습니다.

6. 『대방광불화엄경 강설』의 발행 순서는 한역 경전의 편재 순서를 기준으로 하였고 각 권은 단행본 한 권씩으로 출간될 예정이며 모두 80권으로 완간됩니다. 다만 80권본에 빠져 있는 「보현행원품」은 80권본 완역 및 강설 후 시리즈에 포함돼 추가될 예정입니다.

7. 『대방광불화엄경 강설』 안에서 불교용어를 풀이한 것은 운허스님이 저술하고 동국역경원에서 편찬한 『불교사전』을 인용하였습니다.

8. 각주의 청량스님의 소疏는 대만에서 입력한 大方廣佛華嚴經 사이트의 것을 사용하였습니다.

9. 『대방광불화엄경 강설』 입법계품에 들어가는 문수지남도는 북송北宋시대 불국佛國선사가 선재동자가 53명의 선지식을 친견하여 법을 구하는 장면을 하나하나 그림으로 그린 것입니다.

대방광불화엄경 강설
제 15 권

十二. 현수품賢首品 2

실차난타實叉難陀 한역
무비스님 강설

서문

또 광명을 놓으니 이름이 '눈 청정'이라
눈이 먼 자로 하여금 온갖 빛을 보게 하나니
부처님과 불탑에 등을 밝혀 보시하였네라.
이런 까닭에 이 광명을 얻었느니라.

또 광명을 놓으니 이름이 '귀 청정'이라
귀머거리로 하여금 다 잘 듣게 하나니
부처님과 불탑에 음악회를 열었네라.
이런 까닭에 이 광명을 얻었느니라.

또 광명을 놓으니 이름이 '코 청정'이라
예적에 맡지 못하던 향기를 모두 맡게 하나니
향으로써 부처님과 불탑에 보시하였네라.
이런 까닭에 이 광명을 얻었느니라.

또 광명을 놓으니 이름이 '혀 청정'이라
아름다운 음성으로 부처님을 칭찬하나니
추악하고 좋지 못한 말을 영원히 제거하였네라.
이런 까닭에 이 광명을 얻었느니라.

또 광명을 놓으니 이름이 '몸 청정'이라
육신에 흠이 있는 자로 하여금 구족케 하나니
몸으로써 부처님과 불탑에 예배하였네라.
이런 까닭에 이 광명을 얻었느니라.

또 광명을 놓으니 이름이 '뜻 청정'이라
정신을 잃은 자로 하여금 바른 생각을 얻게 하나니
삼매를 닦아서 모두 자재하였네라.
이런 까닭에 이 광명을 얻었느니라.

눈과 귀와 코와 혀와 몸과 뜻이 그대로가 청정한 광명이요
물질, 소리, 향기, 맛, 감촉, 법이 역시 그러하도다.

2014년 10월 1일

신라 화엄종찰 금정산 범어사

如天 無比

대방광불화엄경 목차

제1권	1. 세주묘엄품世主妙嚴品 [1]
제2권	1. 세주묘엄품世主妙嚴品 [2]
제3권	1. 세주묘엄품世主妙嚴品 [3]
제4권	1. 세주묘엄품世主妙嚴品 [4]
제5권	1. 세주묘엄품世主妙嚴品 [5]
제6권	2. 여래현상품如來現相品
제7권	3. 보현삼매품普賢三昧品
	4. 세계성취품世界成就品
제8권	5. 화장세계품華藏世界品 [1]
제9권	5. 화장세계품華藏世界品 [2]
제10권	5. 화장세계품華藏世界品 [3]
제11권	6. 비로자나품毘盧遮那品
제12권	7. 여래명호품如來名號品
	8. 사성제품四聖諦品
제13권	9. 광명각품光明覺品
	10. 보살문명품菩薩問明品
제14권	11. 정행품淨行品
	12. 현수품賢首品 [1]
제15권	**12. 현수품賢首品 [2]**
제16권	13. 승수미산정품昇須彌山頂品
	14. 수미정상게찬품須彌頂上偈讚品
	15. 십주품十住品
제17권	16. 범행품梵行品
	17. 초발심공덕품初發心功德品

제18권	18. 명법품明法品
제19권	19. 승야마천궁품昇夜摩天宮品
	20. 야마천궁게찬품夜摩天宮偈讚品
	21. 십행품十行品 [1]
제20권	21. 십행품十行品 [2]
제21권	22. 십무진장품十無盡藏品
제22권	23. 승도솔천궁품昇兜率天宮品
제23권	24. 도솔궁중게찬품兜率宮中偈讚品
	25. 십회향품十廻向品 [1]
제24권	25. 십회향품十廻向品 [2]
제25권	25. 십회향품十廻向品 [3]
제26권	25. 십회향품十廻向品 [4]
제27권	25. 십회향품十廻向品 [5]
제28권	25. 십회향품十廻向品 [6]
제29권	25. 십회향품十廻向品 [7]
제30권	25. 십회향품十廻向品 [8]
제31권	25. 십회향품十廻向品 [9]
제32권	25. 십회향품十廻向品 [10]
제33권	25. 십회향품十廻向品 [11]
제34권	26. 십지품十地品 [1]
제35권	26. 십지품十地品 [2]
제36권	26. 십지품十地品 [3]
제37권	26. 십지품十地品 [4]
제38권	26. 십지품十地品 [5]

제39권	26. 십지품 十地品 [6]	제58권	38. 이세간품 離世間品 [6]
제40권	27. 십정품 十定品 [1]	제59권	38. 이세간품 離世間品 [7]
제41권	27. 십정품 十定品 [2]	제60권	39. 입법계품 入法界品 [1]
제42권	27. 십정품 十定品 [3]	제61권	39. 입법계품 入法界品 [2]
제43권	27. 십정품 十定品 [4]	제62권	39. 입법계품 入法界品 [3]
제44권	28. 십통품 十通品	제63권	39. 입법계품 入法界品 [4]
	29. 십인품 十忍品	제64권	39. 입법계품 入法界品 [5]
제45권	30. 아승지품 阿僧祇品	제65권	39. 입법계품 入法界品 [6]
	31. 여래수량품 如來壽量品	제66권	39. 입법계품 入法界品 [7]
	32. 보살주처품 菩薩住處品	제67권	39. 입법계품 入法界品 [8]
제46권	33. 불부사의법품 佛不思議法品 [1]	제68권	39. 입법계품 入法界品 [9]
제47권	33. 불부사의법품 佛不思議法品 [2]	제69권	39. 입법계품 入法界品 [10]
제48권	34. 여래십신상해품 如來十身相海品	제70권	39. 입법계품 入法界品 [11]
	35. 여래수호광명공덕품 如來隨好光明功德品	제71권	39. 입법계품 入法界品 [12]
		제72권	39. 입법계품 入法界品 [13]
제49권	36. 보현행품 普賢行品	제73권	39. 입법계품 入法界品 [14]
제50권	37. 여래출현품 如來出現品 [1]	제74권	39. 입법계품 入法界品 [15]
제51권	37. 여래출현품 如來出現品 [2]	제75권	39. 입법계품 入法界品 [16]
제52권	37. 여래출현품 如來出現品 [3]	제76권	39. 입법계품 入法界品 [17]
제53권	38. 이세간품 離世間品 [1]	제77권	39. 입법계품 入法界品 [18]
제54권	38. 이세간품 離世間品 [2]	제78권	39. 입법계품 入法界品 [19]
제55권	38. 이세간품 離世間品 [3]	제79권	39. 입법계품 入法界品 [20]
제56권	38. 이세간품 離世間品 [4]	제80권	39. 입법계품 入法界品 [21]
제57권	38. 이세간품 離世間品 [5]	제81권	40. 보현행원품 普賢行願品

대방광불화엄경 강설 제15권

十二. 현수품賢首品 2

2. 현수보살이 게송으로 대답하다
- 11) 무한한 큰 작용 ··· 12
  - (8) 모공광명삼매 ·· 12
    - 1〉 광명의 전체 ··· 12
    - 2〉 두 광명이 삼보를 나타내다 ····················· 14
    - 3〉 네 가지 광명이 발심케 하다 ···················· 18
    - 4〉 두 광명이 복과 지혜를 나타내다 ············· 28
    - 5〉 두 광명이 이치에 들어감을 나타내다 ······· 32
    - 6〉 여섯 광명이 육바라밀을 나타내다 ··········· 35
    - 7〉 일곱 광명이 사무량심을 나타내다 ··········· 47
      - 〈1〉 자의 광명 ·· 47
      - 〈2〉 비의 광명 ·· 48
      - 〈3〉 희의 광명 ·· 54
      - 〈4〉 사의 광명 ·· 58
    - 8〉 한 광명이 삼학을 나타내다 ····················· 60
    - 9〉 여덟 광명이 만행과 공양을 나타내다 ······ 61
    - 10〉 여섯 광명이 육근의 청정을 나타내다 ····· 70
    - 11〉 여섯 광명이 육진의 청정을 나타내다 ····· 75
    - 12〉 일체의 모공도 그와 같다 ······················· 84
    - 13〉 광명의 인연 ·· 85

14〉 광명의 이익을 나타내다 ················ 91
(9) 주반이 장엄한 삼매 ······················· 92
　　　1〉 삼매의 의미 ··························· 92
　　　2〉 한곳의 작용을 나타내다 ················ 93
　　　3〉 일체 방위에도 그러하다 ················ 96
(10) 삼매의 작용이 무진하다 ···················· 97
　　　1〉 총설 ································· 97
　　　2〉 기세간에서의 자재 ····················· 98
　　　3〉 지정각세간에서의 자재 ················ 100
　　　4〉 근과 진의 자재 ······················ 104
　　　5〉 타인신의 자재 ······················· 113
　　　6〉 미세자재 ···························· 118
　　　7〉 기세간사의 자재 ····················· 119
　　　8〉 삼매의 불가사의 ·····················123
12) 비유로써 밝히다 ····························· 124
(1) 비유도 불가능하다 ························ 124
(2) 지혜로운 이는 비유로써 안다 ·············· 125
(3) 성문들의 신통을 들어서 비유하다 ·········· 126
(4) 해와 달의 비유 ··························· 129
(5) 병사들의 영상 비유 ······················· 130
(6) 음성의 비유 ····························· 131
(7) 변재의 비유 ····························· 133
(8) 마술사의 비유 ···························· 134
(9) 아수라의 비유 ···························· 136
(10) 코끼리왕의 비유 ························· 137
(11) 아수라의 큰 몸 비유 ····················· 140

(12) 제석천신이 적과 싸우는 비유 ·················· 142
(13) 하늘북의 비유 1 ································ 144
(14) 하늘북의 비유 2 ································ 149
(15) 제석천왕의 비유 ································ 151
(16) 육천왕의 비유 ·································· 153
(17) 대범천왕의 비유 ································ 154
(18) 빗방울 수의 비유 ······························· 155
(19) 큰 바람의 비유 ································· 157
(20) 여러 가지 소리의 비유 ························· 159
(21) 큰 바다의 비유 ································· 160
(22) 용왕의 자재한 덕의 비유 ······················ 162
　　1〉 구름의 색이 각각 다름의 비유 ············ 162
　　2〉 전광이 차별한 비유 ························ 165
　　3〉 뇌성이 같지 아니한 비유 ·················· 168
　　4〉 비를 내림이 같지 아니한 비유 ············ 170
(23) 하열함을 들어서 수승함을 나타내다 ········· 176
(24) 비유를 맺어 덕을 나타내다 ··················· 178
13) 앞의 말을 모두 맺다 ······························ 179
14) 믿고 받아들이기 어려움을 밝히다 ················ 180

3. 시방세계의 부처님들이 증명하다 ················ 186

대방광불화엄경 강설
제15권
十二. 현수품 2

2. 현수보살이 게송으로 대답하다

11) 무한한 큰 작용

(8) 모공광명삼매毛孔光明三昧

1〉광명의 전체

유승삼매명안락　　　　　능보구도제군생
有勝三昧名安樂이니　　　能普救度諸群生이라

방대광명부사의　　　　　영기견자실조복
放大光明不思議하야　　　令其見者悉調伏이니라

수승한 삼매가 있으니 이름이 '안락安樂'이라

능히 모든 군생群生을 널리 제도하며

불가사의한 큰 광명을 놓아

그것을 보는 자로 하여금 다 조복케 하나니라.

앞으로 계속되는 90개의 게송은 헤아릴 수 없이 많은 무수한 광명인 모광毛光을 중생에게 비추어 이익을 주는 삼매문三昧門이다. 달리 설명하면 화엄의 안목으로 보면 우리들의 몸과 마음이 광명이며, 8만4천 번뇌가 광명이며, 8만4천 법문이 광명이며, 세간법과 출세간법이 다 광명이다. 작은 세포에서 수백억 광년 저 멀리에 있는 일체 별들의 세계가 다 광명이다. 삼라만상과 천지만물이 다 광명이다. 춘하추동이 다 광명이며 생로병사가 다 광명이다. 불가사의한 큰 광명이 곧 그것이다. 그래서 일체가 광명 아님이 없다. 이것이 광명의 진정한 의미이다.

부처님께 '안락安樂'이라는 수승한 삼매가 있다. 그 삼매로 모든 중생을 제도하시었다. 삼매 중에서 불가사의한 큰 광명을 놓아서 그 광명을 보는 자로 하여금 다 교화하고 조복하게 하였다. 부처님의 교화 사업은 마치 이와 같다.

어느 날 이 세상에 석가모니 부처님께서 나타나셔서 진리의 큰 광명깃발을 들었는데 그 광명깃발 아래 무수한 중생이 인생의 실상을 깨달아 모두모두 행복하고 평화롭게 살았다. 그리고 그들은 이제 다시 하나하나의 큰 진리의 광명이 되어 보다 넓은 세상을 두루 비춘다. 그 광명의 빛을 받은 자들은 하나하나가 다시 또 진리의 광명이 되어 더 넓은 세상을 비추고, 다시 또 그와 같이 반복하면서 면면히 이어져서 오늘 이 순간까지 이르렀다. 앞으로도 무한한 세월 동안 광명은 그렇게 퍼져 갈 것이고, 그 광명을 받은 자 역시 또 교화·조복되리라. 이러한 낱낱 광명이 무한하므로 모광毛光이라 하였다.

2) 두 광명이 삼보三寶를 나타내다

소방광명명선현
所放光明名善現이니

약유중생우차광
若有衆生遇此光이면

필령획익부당연
必令獲益不唐捐이라

인시득성무상지
因是得成無上智니라

광명을 놓으니 이름이 '선현善現'이라
만약 어떤 중생이 이 광명을 만나면
반드시 이익을 얻어 헛되지 않게 하나니
이로 인해 가장 높은 지혜를 얻었느니라.

피 선 시 현 어 제 불　　　　시 법 시 승 시 정 도
彼先示現於諸佛하고　**示法示僧示正道**하며

역 시 불 탑 급 형 상　　　　시 고 득 성 차 광 명
亦示佛塔及形像일새　**是故得成此光明**이니라

그 광명이 먼저 모든 부처님을 나타내 보이고

법을 보이고 스님을 보이고 바른 도를 보이며

또한 불탑과 부처님의 형상을 보일새

이러한 까닭에 이 광명을 얻었느니라.

　삼보야말로 세상에서 제일가는 보물 광명이다. 먼저 '선현善現'이라는 광명이다. 잘 나타낸다는 뜻이다. 부처님을 나타내고, 법을 나타내고, 스님을 나타내고, 바른길을 나타내고, 불탑도 나타내고, 부처님의 형상도 나타내 보이기 때문에 그 이름이 선현善現이다. 이 광명을 만나는 중생은 큰 이익을 얻어서 결코 헛되지 않는다. 광명은 곧 불교의 모든 것이다. 불교의 모든 것이 무엇이든 그 뜻을 알면 하나하나가 사람들을 진리의 길로 인도하리라.

<blockquote>

우 방 광 명 명 조 요　　　　　영 폐 일 체 제 천 광
又放光明名照耀니　　　　**暎蔽一切諸天光**하며

소 유 암 장 미 부 제　　　　　보 위 중 생 작 요 익
所有暗障靡不除하야　　　**普爲衆生作饒益**이니라

</blockquote>

또 광명을 놓으니 이름이 '조요照耀'라

일체 모든 하늘 광명을 가리고

어두움의 장애가 있는 것을 제하지 않음이 없어

널리 중생을 위해 이익을 짓느니라.

'조요照耀'란 광명이 비치어 찬란하다는 뜻이다. 이 광명으로 인하여 하늘의 태양빛도 가려 버린다고 하였다. 이 세상에 어떤 광명이 태양을 가려 버리겠는가. 그것은 마음의 광명이며, 지혜의 광명이며, 깨달음의 광명이다. 이러한 광명은 실로 태양보다도 더 밝게 빛난다. 태양의 광명은 어리석음과 미혹을 제거하지 못하지만 깨달음의 광명은 어리석음과 미혹을 제거하기 때문이다.

차광각오일체중   영집등명공양불
此光覺悟一切衆하야   **令執燈明供養佛**이니

이등공양제불고   득성세중무상등
以燈供養諸佛故로   **得成世中無上燈**이니라

이 광명이 일체 중생을 깨우쳐서

등불을 들어 부처님께 공양하게 하니

등으로써 모든 부처님께 공양한 까닭에

세상 가운데 가장 높은 등[無上燈]을 얻었느니라.

조요照耀라는 지혜의 광명은 일체 중생을 깨우쳐서 새로운 지혜의 등불로 부처님께 공양하게 한다. 이 등불로 모든 부처님께 공양한 까닭에 세상에서 가장 높은 등, 즉 부처님이 깨달으신 그 깨달음을 얻는다.

연제유등급소등   역연종종제명거
燃諸油燈及蘇燈하고   **亦燃種種諸明炬**와

중향묘약상보촉   이시공불획차광
衆香妙藥上寶燭하야   **以是供佛獲此光**이니라

모든 기름등과 들깨기름등을 켜고
또한 가지가지 모든 밝은 횃불과
온갖 향과 묘한 약과 보배촛불을 켜서
이것으로써 부처님께 공양하여 이 광명을 얻었느니라.

조요照耀라는 광명을 얻은 원인을 밝혔다. 여러 가지 등을 밝히고 횃불까지 밝히고 온갖 향과 묘한 약과 보배촛불을 켜서 비로소 얻은 것이다. 정각의 큰 광명을 얻으려면 경전 구절 하나하나에 마음의 눈을 뜨고 생활 속의 이치 하나하나에 작은 깨달음을 얻으면서 비로소 큰 깨달음에 이르는 것이다.

3) 네 가지 광명이 발심케 하다

우 방 광 명 명 제 도
又放光明名濟度니

차 광 능 각 일 체 중
此光能覺一切衆하야

영 기 보 발 대 서 심
令其普發大誓心하야

도 탈 욕 해 제 군 생
度脫欲海諸群生이니라

또 광명을 놓으니 이름이 '제도濟度'라

이 광명이 능히 일체 중생을 깨우쳐서
그로 하여금 널리 큰 서원의 마음을 내게 하여
욕망의 바다에 있는 모든 군생들을 제도하나니라.

'제도濟度'라는 광명이다. 중생을 제도한다는 것은 깨달음의 광명으로 중생을 깨우쳐서 제도하는 것이다. 이 광명이 중생들로 하여금 큰 서원의 마음을 내게 하여 욕망의 바다에 있는 모든 군생들을 제도한다. 그래서 아무리 미혹한 중생이라 하더라도 사홍서원인 중생무변서원도와 번뇌무진서원단과 법문무량서원학과 불도무상서원성을 항상 읊조리는 것이다.

약 능 보 발 대 서 심
若能普發大誓心하야

도 탈 욕 해 제 군 생
度脫欲海諸群生이면

즉 능 월 도 사 폭 류
則能越度四瀑流하야

시 도 무 우 해 탈 성
示導無憂解脫城이니라

만약 널리 큰 서원의 마음을 내어
욕망의 바다에 있는 모든 군생들을 제도하면

곧 능히 네 가지 폭류瀑流를 넘고 건너서
근심 없는 해탈성解脫城에 인도하여 보이느니라.

만약 큰 서원의 마음을 내어 모든 군생을 제도하면 네 가지 폭류瀑流를 넘는다. 그리고 해탈의 도성에 이른다. 네 가지 폭류란 모든 선善을 떠내려 보낸다는 뜻으로 번뇌를 말한다. ① 욕폭류欲瀑流는 욕계에서 일으키는 탐貪·진瞋·치癡·만慢·의疑 등의 번뇌다. ② 유폭류有瀑流는 색계·무색계에서 일으키는 탐貪·만慢·의疑 등의 번뇌다. ③ 견폭류見瀑流는 욕계·색계·무색계에서 일으키는 유신견有身見·변집견邊執見·사견邪見·견취견見取見·계금취견戒禁取見 등의 그릇된 견해다. ④ 무명폭류無明瀑流는 욕계·색계·무색계에서 일으키는 치癡의 번뇌다.

어 제 행 로 대 수 처
於諸行路大水處에

훼 자 유 위 찬 적 멸
毀訾有爲讚寂滅일새

조 립 교 량 급 선 벌
造立橋梁及船筏호대

시 고 득 성 차 광 명
是故得成此光明이니라

모든 사람이 다니는 길의 큰물이 있는 곳에
다리와 배와 뗏목을 만들어 놓고
유위법有爲法을 비방하고 적멸법寂滅法을 찬탄할새
이런 까닭에 이 광명을 얻었느니라.

제도濟度라는 광명을 얻은 원인을 밝혔다. 사람이 다니는 길의 큰물이 있는 곳에 다리와 배와 뗏목을 만들어 놓고 자유롭게 건너게 한 다음 유위법有爲法을 비방하고 적멸법寂滅法을 찬탄한 공덕이다. 법화경에서는 소승법을 많이 비방하였다. 정법을 드러내기 위해서는 비방도 하나의 방편으로 필요한 것이다.

우 방 광 명 명 멸 애
又放光明名滅愛니

차 광 능 각 일 체 중
此光能覺一切衆하야

영 기 사 리 어 오 욕
令其捨離於五欲하고

전 사 해 탈 묘 법 미
專思解脫妙法味니라

또 광명을 놓으니 이름이 '멸애滅愛'라
이 광명이 능히 일체 중생을 깨우쳐서

그로 하여금 오욕을 버리고
오로지 해탈의 묘한 법의 맛을 생각하게 하나니라.

갈애를 없앤다는 '멸애滅愛'라는 광명이다. 이 광명은 중생들에게 오욕을 버리고 오로지 해탈의 묘한 법의 맛을 생각하게 한다. 오욕은 재물과 이성과 음식과 명예와 수면을 말한다. 또는 오근의 각각의 욕망을 말하기도 한다.

약 능 사 리 어 오 욕
若能捨離於五欲하고
전 사 해 탈 묘 법 미
專思解脫妙法味하면
즉 능 이 불 감 로 우
則能以佛甘露雨로
보 멸 세 간 제 갈 애
普滅世間諸渴愛니라

만약 능히 오욕을 버리고
오로지 해탈의 묘한 법의 맛을 생각하면
곧 능히 부처님의 감로의 비로써
세간의 모든 갈애渴愛를 널리 소멸하나니라.

자신을 애타게 하고 목마르게 하는 것이 갈애渴愛다. 이러한 갈애를 다스리는 것은 부처님의 감로의 법비밖에는 없다. 목이 타는 듯한 애욕에 시달리는 사람은 반드시 화엄경을 읽어야 치유될 것이다.

혜 시 지 정 급 천 류
惠施池井及泉流하고

전 구 무 상 보 리 도
專求無上菩提道호대

훼 자 오 욕 찬 선 정
毁呰五欲讚禪定일새

시 고 득 성 차 광 명
是故得成此光明이니라

못과 우물과 샘물을 보시하고
오로지 가장 높은 보리도를 구하되
오욕을 비방하고 선정을 찬탄할새
이런 까닭에 이 광명을 얻었느니라.

갈애를 없앤다는 멸애滅愛라는 광명을 얻은 인연을 밝혔다. 못과 우물과 샘물을 보시하고 오로지 가장 높은 보리도를 구하되 오욕을 비방하고 선정을 찬탄한 공덕으로 얻었다.

| 우방광명명환희 | 차광능각일체중 |
| 又放光明名歡喜니 | 此光能覺一切衆하야 |

| 영기애모불보리 | 발심원증무사도 |
| 令其愛慕佛菩提하야 | 發心願證無師道니라 |

또 광명을 놓으니 이름이 '환희'라
이 광명이 능히 일체 중생을 깨우쳐서
그로 하여금 부처님의 보리를 애모愛慕하고
발심하여 스승 없는 도를 증득하기를 원하느니라.

다음은 '환희歡喜'라는 광명이다. 부처님의 보리란 부처님이 이루신 정각이다. 중생은 부처님의 정각을 애모하여 일생을 다 바친다. 그래서 발심하여 스승 없는 도道를 증득하기를 원한다. 스승 없는 도란 이미 자신에게 본래로 갖춰져 있는 도를 말한다. 아무리 부처님이 이루신 정각의 경지라 하더라도 모든 사람들에게 본자구족本自具足한 것이다. 그래서 스승 없는 도라 한다.

조립여래대비상 　　　중상장엄좌화좌
造立如來大悲像하야　　**衆相莊嚴坐華座**하고

항탄최승제공덕 　　　시고득성차광명
恒歎最勝諸功德일새　　**是故得成此光明**이니라

여래의 자비하신 형상을 만들어
온갖 상으로 장엄하여 연화좌에 모시고
가장 수승한 모든 공덕을 항상 찬탄할새
이런 까닭에 이 광명을 얻었느니라.

　환희歡喜라는 광명을 얻은 인연을 밝혔다. 불상을 아름답게 조성하고 32상과 80종호를 장엄하여 연꽃 좌대 위에 모시고 부처님의 수승한 공덕을 찬탄한 공덕으로 얻은 광명이다.

우방광명명애락 　　　차광능각일체중
又放光明名愛樂이니　　**此光能覺一切衆**하야

영기심요어제불 　　　급이요법요중승
令其心樂於諸佛하며　　**及以樂法樂衆僧**이니라

또 광명을 놓으니 이름이 '애락愛樂'이라
이 광명이 능히 일체 중생을 깨우쳐서
그로 하여금 마음에 모든 부처님을 좋아하고
법을 좋아하고 여러 스님들을 좋아하게 하나니라.

'애락愛樂'이라는 광명이다. 무엇을 애락하는가. 부처님과 부처님의 법과 여러 스님들을 애락하는 것이다. 다시 말해서 불교를 전부 애락하는 것이다.

약 상 심 요 어 제 불
若常心樂於諸佛하며
급 이 요 법 요 중 승
及以樂法樂衆僧이면
즉 재 여 래 중 회 중
則在如來衆會中하야
건 성 무 상 심 법 인
建成無上深法忍이니라

만약 항상 마음에 모든 부처님을 좋아하고
법을 좋아하고 여러 스님들을 좋아하면
곧 여래의 온갖 법회 가운데 있어
가장 높고 깊은 법인法忍을 이루느니라.

불법승 삼보를 좋아하고 불교의 모든 것을 좋아하면 결국은 부처님의 문중에서 여래가 깨달으신 정각을 이루게 된다. 불자는 불교를 애착하고 불교를 사랑하는 애불심愛佛心이 있어야 한다. 때로는 불교를 비방하는 것을 보게 되면 큰 분노를 일으켜 투쟁이라도 할 용기가 있어야 한다.

개 오 중 생 무 유 량
開悟衆生無有量하야

보 사 염 불 법 승 보
普使念佛法僧寶하며

급 시 발 심 공 덕 행
及示發心功德行일새

시 고 득 성 차 광 명
是故得成此光明이니라

한량없는 중생을 열어 깨우쳐서

널리 불법승을 생각하게 하며

발심의 공덕행을 보일새

이런 까닭에 광명을 얻었느니라.

애락愛樂이라는 광명을 얻은 인연을 밝혔다. 하량없는 중생을 깨우쳐서 불법승 삼보를 생각하게 하고 발심의 공덕을 보였기 때문이다.

성철스님의 법문에 이런 이야기가 있다. 봉암사에 살 때 청담스님께서 외출을 하고 돌아와서 대중들을 모아 놓고 "한 시내를 지나는데 걸인이 동냥을 하기에 당시로서는 대단히 많은 액수의 돈을 보이면서 '나무아미타불'을 한 번만 외우면 이 돈을 주겠다고 했더니, 걸인이 물러앉으면서 '내가 어찌 그런 말을 할 수 있습니까.'라고 해서 결국 돈을 받지 못하는 것을 보았다."라고 하였다.

　　이 또한 방편을 써서 중생을 깨우쳐 불법승을 생각하게 한 것이다. 일천 개의 태양이 동시에 떠서 세상을 비추건만 눈이 어두운 사람은 전혀 볼 수 없으니 그 안타까움을 어찌하랴.

4〉 두 광명이 복과 지혜를 나타내다

우 방 광 명 명 복 취	차 광 능 각 일 체 중
又放光明名福聚니	**此光能覺一切衆**하야
영 행 종 종 무 량 시	이 차 원 구 무 상 도
令行種種無量施하야	**以此願求無上道**니라

또 광명을 놓으니 이름이 '복취福聚'라

그 광명이 널리 일체 중생을 깨우쳐서
가지가지 한량없는 보시를 행하게 하여
이것으로써 가장 높은 도를 원하여 구하게 하나니라.

다음의 광명은 '복취福聚', 즉 복의 무더기다. 복은 어디서 오는가. 복은 짓는 데서 온다. 복을 짓는 것은 보시만 한 것이 없다. 복을 잘 짓는 것이 곧 가장 높은 도를 구하는 길이 된다.

설 대 시 회 무 차 한
設大施會無遮限하고

유 래 구 자 개 만 족
有來求者皆滿足하야

불 령 기 심 유 소 핍
不令其心有所乏일새

시 고 득 성 차 광 명
是故得成此光明이니라

막거나 제한함이 없는 큰 보시 모임을 베풀어
와서 구하는 자 모두 만족케 하며
그 마음에 모자라는 바가 있지 않게 할새
이런 까닭에 이 광명을 얻었느니라.

복취福聚라는 광명을 얻은 인연을 밝혔다. 그 누구도 막거나 제한함이 없는 큰 보시 모임을 베풀어서 무엇이든 와서 구하는 자가 있으면 모두 만족케 한다. 이 얼마나 넉넉하고 넓은 마음인가. 누구라도 구걸하러 찾아오는 사람에게는 언제나 고맙게 생각해야 한다. 왜냐하면 내가 일부러 찾아가서 베풀 것인데 그가 스스로 와서 나에게 복을 짓게 했으니 고마운 일이 아닌가.

    우 방 광 명 명 구 지　　　　차 광 능 각 일 체 중
    又放光明名具智니　　　　**此光能覺一切衆**하야

    영 어 일 법 일 념 중　　　　실 해 무 량 제 법 문
    令於一法一念中에　　　　**悉解無量諸法門**이니라

또 광명을 놓으니 이름이 '구지具智'라
이 광명이 능히 일체 중생을 깨우쳐서
한 법과 한 생각 가운데서
한량없는 모든 법문을 다 알게 하나니라.

'구지具智'라는 광명이다. 한 법 가운데 모든 법문이 다 있

어서 그 모든 법문을 다 알게 하며, 한 생각 가운데 역시 모든 법문이 다 있어서 한 생각에 모든 법문을 다 알게 한다. 이것이 동시구족성이다.

> 위 제 중 생 분 별 법
> **爲諸衆生分別法**하며
> 급 이 결 료 진 실 의
> **及以決了眞實義**하야
> 선 설 법 의 무 휴 감
> **善說法義無虧減**일새
> 시 고 득 성 차 광 명
> **是故得成此光明**이니라

모든 중생을 위하여 법을 분별하고
진실한 뜻을 분명히 요지함으로써
법의 뜻을 잘 설해 이지러지고 감손함이 없을새
이런 까닭에 이 광명을 얻었느니라.

구지具智라는 지혜광명을 얻은 인연을 밝혔다. 모든 중생을 위하여 법을 분별하고 진실한 뜻을 분명히 알게 함으로써 법의 뜻을 잘 설해 이지러지거나 감손함이 없게 한 공덕으로 얻은 것이다. 다른 사람에게 법을 설할 때는 경전의 구절을 분명히 이해해서 정확하게 해야 한다.

5〉 두 광명이 이치에 들어감을 나타내다

우방광명명혜등　　　　차광능각일체중
又放光明名慧燈이니　**此光能覺一切衆**하야

영지중생성공적　　　　일체제법무소유
令知衆生性空寂하야　**一切諸法無所有**니라

또 광명을 놓으니 이름이 '혜등慧燈'이라

이 광명이 능히 일체 중생을 깨우쳐서

중생으로 하여금 성품이 공적하고

일체 모든 법이 있는 바가 없음을 알게 하나니라.

'혜등慧燈'이라는 광명이다. 지혜의 등불이라는 광명으로 일체 중생에게 모든 존재의 본성이 공적하고 일체 제법도 있는 바가 없음을 알게 한다. 지혜의 등불로 비춰 보면 사람의 육신을 위시해서 내사대內四大나 외사대外四大나 정신세계나 모두가 텅 비어 공적하다. 이것이 존재의 공성이다.

연설제법공무주　　　　여환여염수중월
演說諸法空無主하야　**如幻如焰水中月**하며

내지유여몽영상　　　　시고득성차광명
乃至猶如夢影像일새　　**是故得成此光明**이니라

모든 법이 공하여 주인이 없는 것이

환영과 같고 불꽃과 같고 물 가운데 달과 같으며

마치 꿈과 같고 그림자와 같음을 연설할새

이런 까닭에 이 광명을 얻었느니라.

혜등慧燈이라는 광명을 얻은 인연을 밝혔다. 금강경의 가르침을 잘 이해하여 연설하면 혜등 광명을 얻는다. 금강경에 "일체 유위의 법은 꿈과 같고 환영과 같고 물거품과 같고 그림자와 같고 이슬과 같고 또한 번갯불과 같다. 응당히 이와 같이 관찰하라."[1]라고 하였다. 금강경은 유위법이 허망하여 주인이 없음을 관찰하여 지혜의 등불을 밝혀 주는 가르침이다.

우방광명법자재　　　　차광능각일체중
又放光名法自在니　　**此光能覺一切衆**하야

---

1) 一切有爲法 如夢幻泡影 如露亦如電 應作如是觀.

영 득 무 진 다 라 니 　　　실 지 일 체 제 불 법
令得無盡陀羅尼하야　　**悉持一切諸佛法**이니라

또 광명을 놓으니 이름이 '법자재法自在'라

이 광명이 능히 일체 중생을 깨우쳐서

다함없는 다라니를 얻어서

일체 모든 부처님의 법을 다 지니게 하나니라.

'법자재法自在'라는 광명이다. 이 광명으로 인하여 무진 다라니를 얻어 일체 법을 다 지니게 한다고 하였다. 다라니란 총지總持다. 네 가지 총지를 갖추어 법에 자재하다는 것인데 법지法持와 의지義持와 주지呪持와 무생인지無生忍持다. 이 네 가지 총지를 갖추면 무슨 법인들 자재하지 못하겠는가.

공 경 공 양 지 법 자 　　　급 시 수 호 제 현 성
恭敬供養持法者하고　　**給侍守護諸賢聖**하야

이 종 종 법 시 중 생 　　　시 고 득 성 차 광 명
以種種法施衆生일새　　**是故得成此光明**이니라

법을 지닌 자를 공경하고 공양하며

모든 현인과 성인들을 시중들고 수호하여
갖가지 법으로써 중생에게 베풀새
이런 까닭으로 이 광명을 얻었느니라.

법자재法自在라는 광명을 얻은 인연을 밝혔다. 법이 있는 사람을 공경 공양하고, 성인과 현인들을 시중들고 잘 지켜 보호하며, 가지가지 법으로써 중생에게 법공양하면 법에 자유자재한 법자재 광명을 얻는다.

6〉 여섯 광명이 육바라밀을 나타내다

우 방 광 명 명 능 사
又放光明名能捨니

차 광 각 오 간 중 생
此光覺悟慳衆生하야

영 지 재 보 실 비 상
令知財寶悉非常하야

항 락 혜 시 심 무 착
恒樂惠施心無着이니라

또 광명을 놓으니 이름이 '능사能捨'라
이 광명이 간탐慳貪 중생을 깨우쳐서
재물이 모두 항상 하지 않음을 알아서
항상 보시를 즐겨하여 마음에 집착이 없게 하나니라.

육바라밀은 실로 광명 중의 광명이다. 육바라밀을 실천하는 보살은 세상을 밝히는 밝고 밝은 광명이다. 바라밀 하나하나가 참으로 눈이 부시는 광명이다. 이제 여섯 광명으로 육바라밀을 나타낸다.

　첫째는 보시를 뜻하는 '능사$_{能捨}$'라는 광명이다. 능사란 능히 버리듯이 보시하여 일체 미련을 가지지 않고 과보나 대가를 바라지 않는다는 뜻이다. 그렇다. 재물은 항상 하지 않는다. 있다가도 없고 없다가도 있는 것이 재물이다. 그런데 한 나라 굴지의 거부가 재산 때문에 형제 사이에 소송을 제기해서 온 국민에게 망신을 당하는 꼴은 참으로 보기가 민망하다. 부모의 시신을 앞에 두고 재산 문제로 형제가 멱살잡이하는 것도 참으로 봄썰사납다. 세상이 왜 이렇게 되었는가. 중생들은 탐·진·치 삼독이 너무나도 치성하다. 재산은 사람이 살아가는 데 편리함을 제공하기도 하지만 재앙덩어리이기도 하다. 그러므로 보시야말로 이 세상을 비추는 광명 중의 광명이리라.

간 심 난 조 이 능 조
慳心難調而能調하고

해 재 여 몽 여 부 운
解財如夢如浮雲하야

증 장 혜 시 청 정 심
增長惠施淸淨心일새

시 고 득 성 차 광 명
是故得成此光明이니라

간탐하는 마음은 조복하기 어려우나 능히 조복하고

재물이란 꿈과 같고 뜬구름과 같음을 알아서

보시하는 청정한 마음을 증장할새

이런 까닭에 이 광명을 얻었느니라.

능사能捨라는 광명을 얻은 인연을 밝혔다. 간탐하는 마음을 조복하고 재물이란 꿈과 같고 뜬구름과 같음을 알아 보시하는 마음을 끊임없이 증장시켰기 때문에 능사라는 큰 광명을 얻었다.

우 방 광 명 명 제 열
又放光明名除熱이니

차 광 능 각 훼 금 자
此光能覺毀禁者하야

보 사 수 지 청 정 계
普使受持淸淨戒하야

발 심 원 증 무 사 도
發心願證無師道니라

또 광명을 놓으니 이름이 '제열除熱'이라
이 광명이 능히 파계한 자를 깨우쳐서
청정한 계를 널리 받아 지녀서
발심하여 스승 없는 도를 증득케 하나니라.

지계를 뜻하는 '제열除熱'이라는 광명이다. 파계한 자를 깨우치고 청정한 계를 널리 받아 지녀서 발심하여 자신 속에 이미 갖춰져 있는 본래의 도를 증득하게 한다.

권인중생수지계
勸引衆生受持戒하야

십선업도실청정
十善業道悉淸淨하며

우영발향보리심
又令發向菩提心일새

시고득성차광명
是故得成此光明이니라

중생을 권하고 이끌어 계를 받아 지녀서
열 가지 선업도善業道를 다 청정케 하며
또 보리심을 발하게 할새
이런 까닭에 이 광명을 얻었느니라.

제열除熱이라는 광명을 얻은 인연을 밝혔다. 평소에 자신만 계를 잘 가지는 것이 아니라 다른 사람을 권해서 계를 받아 지니게 하며, 열 가지 선업도를 모두 청정케 하여 보리심을 발하게 한 공덕으로 이와 같이 번뇌의 열기를 제거하는 광명을 얻었다. 열 가지 선업도善業道란 살생, 투도 등 열 가지 악업을 반대로 전환한 것이다.

우 방 광 명 명 인 엄
又放光明名忍嚴이니

차 광 각 오 진 에 자
此光覺悟瞋恚者하야

영 피 제 진 이 아 만
令彼除瞋離我慢하야

상 락 인 욕 유 화 법
常樂忍辱柔和法이니라

또 광명을 놓으니 이름이 '인엄忍嚴'이라
이 광명이 성내는 자를 깨우쳐서
그로 하여금 성냄을 제거하고 아만我慢을 여의게 하여
항상 참고 부드럽고 온화한 법을 즐기게 하나니라.

인욕을 뜻하는 '인엄忍嚴'이라는 광명이다. 인욕을 통해서 얼굴이 아름답게 장엄되기 때문이다. 이 광명은 성내는 자를 깨우쳐서 아만을 제거하여 참고 부드럽고 온화한 법을 즐기게 한다.

중 생 포 악 난 가 인   위 보 리 고 심 부 동
衆生暴惡難可忍이어늘   **爲菩提故心不動**하야

상 락 칭 양 인 공 덕   시 고 득 성 차 광 명
常樂稱揚忍功德일새   **是故得成此光明**이니라

중생의 포악暴惡함이 참기 어렵거늘
보리菩提를 위한 연고로 마음이 움직이지 아니하여
항상 참는 공덕 칭찬하기를 즐길새
이런 까닭에 이 광명을 얻었느니라.

인엄忍嚴이라는 광명의 인연을 밝혔다. 일상에서 포악을 잘 참고 깨달음을 위해서 마음이 움직이지 않아야 한다. 또 항상 참는 공덕 칭찬하기를 즐겨야 한다. 다른 이가 참는 것을 찬탄하면 자신도 반드시 잘 참게 될 것이다.

우 방 광 명 명 용 맹   차 광 각 오 나 타 자
又放光明名勇猛이니   **此光覺悟懶惰者**하야

영피상어삼보중   공경공양무피염
令彼常於三寶中에   **恭敬供養無疲厭**이니라

또 광명을 놓으니 이름이 '용맹勇猛'이라
이 광명이 게으른 자를 깨우쳐서
그로 하여금 항상 삼보三寶 가운데서
공경하고 공양하되 피로하고 싫음이 없게 하나니라.

정진의 뜻인 '용맹勇猛'이라는 광명이다. 무엇을 용맹스럽게 정진하는가. 항상 삼보를 공경하고 공양하며 받들어 섬기되 싫어하거나 게으름 없이 꾸준히 하는 것이다.

약피상어삼보중   공경공양무피염
若彼常於三寶中에   **恭敬供養無疲厭**이면

즉능초출사마경   속성무상불보리
則能超出四魔境하야   **速成無上佛菩提**니라

만약 그가 항상 삼보 가운데
공경하고 공양하되 피로하고 싫음이 없으면
곧 능히 네 가지 마魔의 경계에서 벗어나서
빨리 최상의 불보리佛菩提를 이루느니라.

부처님께서 열반에 들면서 제자들에게 마지막으로 당부하신 말씀이 "게으르지 말고 열심히 정진하라."는 것이었다. 최상의 불보리佛菩提를 이루려는 사람이라면 게으를 수 없다. 네 가지 마魔의 경계란, 신심을 괴롭히는 번뇌와 갖가지 고민을 생기게 하는 오음五陰과 죽음과 사람의 선행을 방해하는 타화자재천 등이다.

권 화 중 생 영 진 책
勸化衆生令進策하야

상 근 공 양 어 삼 보
常勤供養於三寶하며

법 욕 멸 시 전 수 호
法欲滅時專守護일새

시 고 득 성 차 광 명
是故得成此光明이니라

중생을 권하여 교화해서 정진하게 하여
항상 부지런히 삼보에 공양하며
법이 멸하고자 할 때 전념으로 수호할새
이런 까닭에 이 광명을 얻었느니라.

용맹勇猛이라는 광명을 얻은 인연을 밝혔다. 중생을 항상 권유해서 정진하게 하고, 부지런히 삼보에 공양도 하게 하고, 특히 불법이 멸하고자 할 때 열심히 정진하고 후배를 양성하며 널리 가르친 인연 공덕이다.

우방광명명적정   차광능각난의자
又放光明名寂靜이니 **此光能覺亂意者**하야

영기원리탐에치   심부동요이정정
令其遠離貪恚癡하야 **心不動搖而正定**이니라

또 광명을 놓으니 이름이 '적정寂靜'이라
이 광명이 능히 뜻이 산란한 자를 깨우쳐서
그로 하여금 탐·진·치를 멀리 여의어서
마음이 움직이지 않고 바르고 안정하게 하나니라.

육바라밀 중 선정에 해당하는 '적정寂靜'이라는 광명이다. 사람이 산란하지 않으면 탐·진·치 삼독에 흔들리지 않는다. 마음이 움직이지 않아 바르게 안정한다.

사리일체악지식   무의담설잡염행
捨離一切惡知識의 **無義談說雜染行**하고

찬 탄 선 정 아 란 야　　　시 고 득 성 차 광 명
讚歎禪定阿蘭若일새　　**是故得成此光明**이니라

일체 악지식惡知識들의

뜻 없는 말과 잡되고 물든 행을 멀리 여의고

선정禪定과 아란야[寂靜處]를 찬탄할새

이런 까닭에 이 광명을 얻었느니라.

적정寂靜이라는 광명을 얻은 인연을 밝혔다. 평소에 뜻 없는 말과 잡되고 물든 행을 멀리 여의고 선정禪定과 아란야[寂靜處]를 찬탄한 공덕으로 얻은 것이다.

우 방 광 명 명 혜 엄　　　차 광 각 오 우 미 자
又放光明名慧嚴이니　　**此光覺悟愚迷者**하야
영 기 증 제 해 연 기　　　제 근 지 혜 실 통 달
令其證諦解緣起하야　　**諸根智慧悉通達**이니라

또 광명을 놓으니 이름이 '혜엄慧嚴'이라

이 광명이 어리석고 미혹한 자를 깨우쳐서

그로 하여금 진실한 법을 증득하고 연기를 알아서

모든 근根과 지혜를 다 통달하게 하나니라.

지혜를 뜻하는 '혜엄慧嚴'이라는 광명이다. 지혜는 진실한 법인 연기의 이치를 아는 것이 우선이다. 세상에서 아무리 지혜가 있다 하더라도 존재의 연기성緣起性을 이해하지 못하면 그를 두고 지혜 있는 사람이라고 할 수는 없다.

약 능 증 제 해 연 기
若能證諦解緣起하야

제 근 지 혜 실 통 달
諸根智慧悉通達이면

즉 득 일 등 삼 매 법
則得日燈三昧法하야

지 혜 광 명 성 불 과
智慧光明成佛果니라

만약 능히 진실한 법을 증득하고 연기를 알아서
모든 근과 지혜를 다 통달하면
곧 일등日燈삼매법을 얻어서
지혜의 광명으로 불과佛果를 이루느니라.

연기를 알아 지혜를 통달하면 일등日燈삼매법을 얻는다고 하였다. 일등日燈삼매법이란 태양과 같이 밝은 삼매며 어

두운 밤에 등불과 같이 길을 인도하는 삼매다. 이와 같은 지혜 광명으로 끝내 불과를 이루게 된다.

국재급기개능사
國財及己皆能捨하고

위보리고구정법
爲菩提故求正法하야

문이전근위중설
聞已專勤爲衆說일새

시고득성차광명
是故得成此光明이니라

국토와 재물과 자기 몸까지 모두 능히 버리고
보리를 위하여 바른 법을 구하며
듣고 나서는 오로지 중생을 위해 부지런히 설할새
이런 까닭에 이 광명을 얻었느니라.

혜엄慧嚴이라는 광명을 얻은 인연을 밝혔다. 지혜 있는 사람이 보시도 하고, 지혜 있는 사람이 보리를 위하여 바른 법도 구하고, 지혜 있는 사람이 중생을 위하여 부지런히 법도 설한다. 이와 같은 공덕으로 지혜로 장엄한 혜엄慧嚴이라는 광명을 얻었다.

7〉 일곱 광명이 사무량심四無量心을 나타내다

〈1〉 자慈의 광명

우방광명명불혜
又放光明名佛慧니

차광각오제함식
此光覺悟諸含識하야

영견무량무변불
令見無量無邊佛이

각각좌보연화상
各各坐寶蓮華上이니라

또 광명을 놓으니 이름이 '불혜佛慧'라

이 광명이 모든 중생[含識]을 깨우쳐서

한량없고 끝없는 부처님께서

각각 보배연꽃 위에 앉아 계심을 보게 하나니라.

사무량심四無量心은 이 세상의 그 어떤 광명보다 빛나는 광명이다. 사무량심보다 더 밝은 광명이 있을까. 이하는 사무량심을 나타내는 게송이다.

첫째는 자慈무량심이다. 광명은 '불혜佛慧'다. 불교의 진정한 사랑[慈]은 부처님의 지혜를 펼쳐 보이는 것이다. 부처님의 지혜로 중생을 깨우쳐서 한량없는 부처님이 연꽃 위에 앉아 계시는 모습을 보게 하는 것이다. 즉 사람 사람이 모두 부처님이라는 사실을 깨우쳐 주는 것이 최고의 사랑이다.

찬 불 위 덕 급 해 탈　　　　설 불 자 재 무 유 량
　　讚佛威德及解脫하고　　**說佛自在無有量**하야

　　　현 시 불 력 급 신 통　　　　시 고 득 성 차 광 명
　　顯示佛力及神通일새　　**是故得成此光明**이니라

부처님의 위덕과 해탈을 찬탄하고
부처님의 자재하심이 한량없음을 말하며
부처님의 힘과 신통을 나타내 보일새
이런 까닭에 이 광명을 얻었느니라.

불혜(佛慧)라는 광명을 얻은 인연을 밝혔다. 어떻게 하면 이와 같은 광명을 얻을 수 있겠는가. 부처님을 잘 알아 부처님의 위덕과 해탈을 찬탄하고 부처님의 자재하심이 한량없음을 말하여 널리 알리므로 이 광명을 얻었다.

〈2〉 비悲의 광명

　　　우 방 광 명 명 무 외　　　　차 광 조 촉 공 포 자
　　又放光明名無畏니　　**此光照觸恐怖者**하야

　　　비 인 소 지 제 독 해　　　　일 체 개 령 질 제 멸
　　非人所持諸毒害를　　**一切皆令疾除滅**이니라

또 광명을 놓으니 이름이 '무외無畏'라
이 광명이 두려워하는 사람을 비추어
사람이 아닌 것이 가지고 있는 모든 독해
일체를 모두 빨리 제하여 소멸하게 하나니라.

비悲의 광명이란 중생을 불쌍히 여기고 어여삐 여겨서 마음 아파하는 아버지의 사랑이다. 그래서 두려워하는 사람에게 두려움을 없애 주는 '무외無畏'의 광명으로 표현하였다. 마군이나 귀신이나 사나운 동물이 독해로써 사람을 해치려고 할 경우 그 모든 것을 빨리 소멸하여 편안하게 한다. 무외시無畏施는 그래서 위대하다. 두려움에 떠는 중생에게 두려움을 없애 주는 일보다 더 위대한 광명이 또 있을까.

능 어 중 생 시 무 외
能於衆生施無畏하야

우 유 뇌 해 개 권 지
遇有惱害皆勸止하며

증 제 액 난 고 궁 자
拯濟厄難孤窮者일새

이 시 능 성 차 광 명
以是得成此光明이니라

능히 중생에게 두려움 없음을 보시하여

고뇌와 독해가 있으면 모두 권하여 그치게 하며
액난 있고 고독하고 궁한 자를 구제할새
이것으로써 이 광명을 얻었느니라.

무외無畏라는 광명을 얻은 인연을 밝혔다. 이 광명을 얻으려면 무외시無畏施를 많이 베풀어야 한다. 사람들에게 고뇌와 독해가 없게 하고 액난을 구제하고 고독하고 궁한 이를 구제해야 얻을 수 있다.

우 방 광 명 명 안 은
又放光明名安隱이니

차 광 능 조 질 병 자
此光能照疾病者하야

영 제 일 체 제 고 통
令除一切諸苦痛하야

실 득 정 정 삼 매 락
悉得正定三昧樂이니라

또 광명을 놓으니 이름이 '안은安隱'이라
이 광명이 능히 병든 자를 비추어
일체 모든 고통을 제하여
바르고 안정된 삼매의 즐거움을 얻게 하나니라.

'안은安隱'이라는 광명은 편안함이다. 병든 자와 고통받는 자들을 편안하고 안정되게 하여 얻은 것이다. 병고를 앓는 사람에게 편안함보다 더 큰 광명이 있을까.

시 이 양 약 구 중 환
施以良藥救衆患하며

묘 보 연 명 향 도 체
妙寶延命香塗體하며

소 유 유 밀 충 음 식
酥油乳蜜充飮食일새

이 시 득 성 차 광 명
以是得成此光明이니라

좋은 약을 보시하여 중생의 병을 구제하고
묘한 보배로 생명을 연장하고 몸에 향을 바르며
연유와 기름과 우유와 꿀로 음식을 보충할새
이것으로써 이 광명을 얻었느니라.

안은安隱이라는 광명을 얻은 인연을 밝혔다. 자신이 편안하려면 먼저 좋은 약으로써 중생의 병고를 구제해야 한다. 값진 보배로써 중생의 생명을 연장하게도 해야 한다. 연유와 기름과 우유와 꿀 등으로 음식을 충당한 결과로 안은安隱이라는 광명을 얻은 것이다.

우 방 광 명 명 견 불   차 광 각 오 장 몰 자
又放光明名見佛이니   **此光覺悟將歿者**하야

영 수 억 념 견 여 래   명 종 득 생 기 정 국
令隨憶念見如來하야   **命終得生其淨國**이니라

또 광명을 놓으니 이름이 '견불見佛'이라

이 광명이 장차 죽을 자를 깨우쳐서

기억하고 생각함을 따라서 여래를 친견하고

목숨을 마치면서 정토淨土에 태어나게 하느니라.

　

부처님을 친견하는 '견불見佛'이라는 광명이다. 십념왕생 十念往生이라고 하여 사람이 장차 죽을 때 열 번만 아미타불을 생각하면 곧 아미타 부처님을 친견하고 죽은 뒤에 바로 극락정토에 태어난다는 것이다. 죽음을 맞이한 중생에게 이보다 더 큰 광명은 없으리라. 그래서 이와 같은 염불도 있다.

　

원아임욕명종시願我臨欲命終時

진제일체제장애盡除一切諸障碍

면견피불아미타面見彼佛阿彌陀

즉득왕생안락찰卽得往生安樂刹

원컨대 내가 목숨이 마칠 때

일체 모든 장애를 다 제거하고

저 아미타 부처님을 직접 친견하여

곧바로 안락한 극락세계에 왕생하여지이다.

견유임종권염불　　　　우시존상영첨경
見有臨終勸念佛하고　　**又示尊像令瞻敬**하야

비어불소심귀앙　　　　시고득성차광명
俾於佛所深歸仰일새　　**是故得成此光明**이니라

임종臨終을 보면 염불을 권하고

또 불상을 우러러 공경케 하며

부처님 계신 곳에 깊이 귀의하여 앙모하게 할새

이런 까닭에 이 광명을 얻었느니라.

비悲의 광명, 즉 사람을 연민히 여기고 불쌍하게 생각하여 죽음을 맞이하는 순간이라도 부처님의 가피를 얻을 수 있도록 해 주는 철저한 비원悲願의 마음 광명이다. 임종 시에 부처님을 친견하게 하는 견불見佛이라는 광명을 얻은 인연을 밝혔다. 부처님과의 인연이 부족함을 안타까워하고 불쌍하게 여겨서 임종臨終을 보면 염불을 권하고 또 불상을 우러러 공경케 하며 마지막 한번이라도 부처님의 이름을 부르고 눈을 감도록 하여 주고 싶은 간절한 마음으로 얻은 광명이다.

〈3〉 희喜의 광명

우방광명명낙법
又放光明名樂法이니

차광능각일체중
此光能覺一切衆하야

영어정법상흔락
令於正法常欣樂하야

청문연설급서사
聽聞演說及書寫니라

또 광명을 놓으니 이름이 '낙법樂法'이라
이 광명이 능히 일체 중생을 깨우쳐서
바른 법을 항상 기뻐하고 즐겨서
듣고 연설하고 베껴 쓰게 하나니라.

사무량심 가운데 희喜의 광명에 해당하는 '낙법樂法'이라는 광명이다. 불교에는 중생의 근기와 수준에 맞추기 위한 여러 가지 법이 있다. 그중에서 정법과 최상승법을 항상 기뻐하고 즐기며 듣고 연설하고 사경하게 하는 것이다. 만약 어떤 사람이 화엄경을 즐겨하여 늘 듣고 읽고 설명하고 사경한다면 이보다 더 아름답게 빛나는 광명은 없을 것이다.

법 욕 진 시 능 연 설
法欲盡時能演說하야
영 구 법 자 의 충 만
令求法者意充滿하며

어 법 애 락 근 수 행
於法愛樂勤修行일새
시 고 득 성 차 광 명
是故得成此光明이니라

법이 다하고자 할 때 능히 연설하여
법을 구하는 자로 하여금 뜻에 만족하게 하며
법을 사랑하고 즐기며 부지런히 수행하게 할새
이런 까닭에 이 광명을 얻었느니라.

낙법樂法이라는 광명을 얻은 인연을 밝혔다. 정법 시대가 지나면 정법과 닮은 법의 시대라고 하여 상법像法 시대가 오고, 상법 시대가 끝나면 다음에는 말법末法 시대가 오고, 말법 시대가 끝나면 법이 완전히 소멸한다는 설이 있다. 이와 같은 현상이 오지 않도록 하기 위해서 부처님의 정법을 널리 연설하여 법을 구하는 사람들의 마음을 만족시키면 낙법이라는 광명을 얻을 것이다.

우 방 광 명 명 묘 음　　　차 광 개 오 제 보 살
又放光明名妙音이니　　**此光開悟諸菩薩**하야
능 령 삼 계 소 유 성　　　문 자 개 시 여 래 음
能令三界所有聲으로　　**聞者皆是如來音**이니라

또 광명을 놓으니 이름이 '묘음妙音'이라
이 광명이 모든 보살을 열어 깨우쳐서
능히 삼계에 있는 소리로 하여금
듣는 자가 다 여래의 음성이 되게 하나니라.

희喜의 광명, 즉 기쁨의 광명이란 무엇으로써 가능한가. 오로지 부처님이 깨달으신 지혜의 가르침이다. '묘음妙音'이라는 광명은 진리를 설하는 아름다운 소리다. 눈을 뜨고 귀를 열면 삼계에 있는 모든 소리 일체가 여래의 설법의 소리다. 그래서 소동파거사는 "시냇물 소리는 부처님의 광장설

법이요, 산색은 부처님의 청정법신이어라. 밤이 되니 8만4천 게송이나 되는 것을 다른 날 다른 사람에게 어떻게 이해시키겠는가."[2]라고 하였다.

이대음성칭찬불
以大音聲稱讚佛하며

급시영탁제음악
及施鈴鐸諸音樂하야

보사세간문불음
普使世間聞佛音일새

시고득성차광명
是故得成此光明이니라

큰 음성으로 부처님을 칭찬하며
요령이나 목탁 등 모든 음악을 보시하여
널리 세간으로 하여금 부처님 음성을 듣게 할새
이런 까닭에 이 광명을 얻었느니라.

묘음妙音이라는 광명을 얻은 인연을 밝혔다. 어떤 사찰에는 새벽에 도량석道場釋을 하면서 가까운 동네를 돌아다니면서 목탁 소리와 염불 소리를 들려주는 스님이 있다. 큰 음성

---

2) 溪聲便是廣長舌 山色豈非淸淨身 夜來八萬四千偈 他日如何擧似人.

으로 부처님을 칭찬하고 목탁 소리와 불교 음악을 들려주는 일도 불교를 알리는 데 중요한 역할을 한다. 맑고 구성진 염불 소리나 경을 읽는 소리는 세상의 어떤 음악보다 훌륭한 음악이다. 반드시 좋은 광명을 얻을 것이다.

〈4〉 사捨의 광명

우 방 광 명 시 감 로
又放光名施甘露니

차 광 개 오 일 체 중
此光開悟一切衆하야

영 사 일 체 방 일 행
令捨一切放逸行하고

구 족 수 습 제 공 덕
具足修習諸功德이니라

또 광명을 놓으니 이름이 '시감로施甘露'라
이 광명이 일체 중생을 열어 깨우쳐서
일체의 방일放逸한 행을 버리고
모든 공덕을 구족히 닦아 익히게 하나니라.

여기에서 사捨의 광명이란 일체 방일한 행을 버리고 공덕의 행을 갖추어 닦아서 그것으로써 중생에게 광명이 되는 것이다. '시감로施甘露'라고 하는 것은 불사不死의 법, 생사를 초

월한 진리의 가르침을 베푼다는 뜻으로, 즉 깨달음의 생사해탈 법으로써 공양한다는 뜻이다.

설 유 위 법 비 안 은
說有爲法非安隱이라

무 량 고 뇌 실 충 변
無量苦惱悉充徧하고

항 락 칭 양 적 멸 락
恒樂稱揚寂滅樂일새

시 고 득 성 차 광 명
是故得成此光明이니라

유위법有爲法은 안은安隱이 아니라
한량없는 고뇌가 모두 충만하다 말하고
적멸락寂滅樂을 항상 즐겁게 일컬어 드날릴새
이런 까닭에 이 광명을 얻었느니라.

유위법이란 쉽게 말하면 세상법이다. 세상법은 설사 잠깐 즐겁더라도 영원히 즐겁거나 편안한 것이 못 된다. 오히려 한량없는 고통과 문제들이 수반된다. 그러므로 적멸락을 항상 즐겁게 드날리고 설해야 한다. 이것이 시감로施甘露라는 광명을 얻은 인연이 된다.

8) 한 광명이 삼학三學을 나타내다

<u>우 방 광 명 명 최 승</u>　　　　<u>차 광 개 오 일 체 중</u>
又放光明名最勝이니　　**此光開悟一切衆**하야

<u>영 어 불 소 보 청 문</u>　　　　<u>계 정 지 혜 증 상 법</u>
令於佛所普聽聞　　　　**戒定智慧增上法**이니라

또 광명을 놓으니 이름이 '최승最勝'이라
이 광명이 일체 중생을 열어 깨우쳐서
부처님 계신 곳에서
계와 정과 혜의 높은 법을 널리 듣게 하나니라.

삼학三學은 불교의 근본 광명이다. 그 광명 이름이 가장 수승하다는 '최승最勝'이 아닌가. 부처님 계신 곳에서 계와 정과 혜의 높은 법을 널리 듣게 된다면 이보다 더 밝은 광명은 없으리라.

<u>상 락 칭 양 일 체 불</u>　　　　<u>승 계 승 정 수 승 혜</u>
常樂稱揚一切佛　　　　**勝戒勝定殊勝慧**하야

<u>여 시 위 구 무 상 도</u>　　　　<u>시 고 득 성 차 광 명</u>
如是爲求無上道일새　　**是故得成此光明**이니라

항상 즐겨 일체 부처님과
수승한 계와 수승한 정과 수승한 혜를 일컬어 드날려서
이와 같이 가장 높은 도를 구할새
이런 까닭에 이 광명을 얻었느니라.

부처님을 찬탄하고, 부처님의 위대한 가르침을 찬탄하고, 그 위대한 가르침을 배우고 따르는 대중을 찬탄하고, 가르침 중에 가장 근본이 되는 수승한 계율과 수승한 선정과 수승한 지혜를 찬탄하면서 무상불도無上佛道를 구하는 마음으로 이와 같은 광명을 얻은 것이다.

9) 여덟 광명이 만행萬行과 공양을 나타내다

우 방 광 명 명 보 엄
又放光明名寶嚴이니

차 광 능 각 일 체 중
此光能覺一切衆하야

영 득 보 장 무 궁 진
令得寶藏無窮盡하야

이 차 공 양 제 여 래
以此供養諸如來리라

또 광명을 놓으니 이름이 '보엄寶嚴'이라
이 광명이 능히 일체 중생을 깨우쳐서

다함이 없는 보배창고를 얻어서
이것으로써 모든 여래께 공양하게 하나니라.

"보배로 장엄하다."라는 '보엄寶嚴'이라는 광명이다. 이 광명은 무진장의 보배창고를 얻어서 그 보배로 모든 여래, 모든 사람, 모든 생명에게 공양한다.

이 제 종 종 상 묘 보
以諸種種上妙寶로
역 이 혜 시 제 빈 핍
亦以惠施諸貧乏일새

봉 시 어 불 급 불 탑
奉施於佛及佛塔하며
시 고 득 성 차 광 명
是故得成此光明이니라

모든 갖가지 최상의 묘한 보배로써
부처님과 불탑에 받들어 보시하며
또한 모든 가난하고 궁핍한 자에게 보시할새
이런 까닭에 이 광명을 얻었느니라.

보엄寶嚴이라는 광명을 얻은 인연을 밝혔다. 갖가지 최상의 묘한 보배로써 부처님과 불탑에 받들어 보시하며 또한 모든 가난하고 궁핍한 사람들에게 보시한 공덕으로 이 광명을 얻은 것이다.

우방광명명향엄 　　　　차광능각일체중
又放光明名香嚴이니　　**此光能覺一切衆**하야

영기문자열가의　　　　결정당성불공덕
令其聞者悅可意하야　　**決定當成佛功德**이니라

또 광명을 놓으니 이름이 '향엄香嚴'이라
이 광명이 능히 일체 중생을 깨우쳐서
그 향기를 맡는 자로 하여금 마음에 기뻐해서
결정코 마땅히 부처님 공덕을 이루게 하나니라.

"향기로 장엄하다."라는 '향엄香嚴'이라는 광명이다. 무엇인들 광명이 아니겠는가마는 불교에서의 향은 깊은 의미가 있다. 그래서 계, 정, 혜, 해탈, 해탈지견을 모두 향이라고 한다. 이러한 오분법신五分法身의 향기를 맡는 사람은 마음이 기쁘고 즐거워 끝내 부처님의 공덕을 이루게 된다.

인천묘향이도지
人天妙香以塗地하야

공양일체최승왕
供養一切最勝王하고

역이조탑급불상
亦以造塔及佛像일새

시고득성차광명
是故得成此光明이니라

사람과 천신의 묘한 향으로써 땅에 발라

일체 가장 수승한 왕께 공양하고

또한 탑과 불상을 조성할새

이런 까닭에 이 광명을 얻었느니라.

향엄香嚴이라는 광명을 얻은 인연을 밝혔다. 일체 가장 수승한 왕이란 왕중왕王中王이며 법중왕法中王인 부처님이다. 부처님이 지나가시는 곳에 향을 뿌려 공양하고 불탑과 불상을 조성한 공덕으로 이러한 광명을 얻었다.

우방광명잡장엄
又放光名雜莊嚴이니

보당번개무앙수
寶幢幡蓋無央數며

분향산화주중악
焚香散華奏衆樂하야

성읍내외개충만
城邑內外皆充滿이니라

또 광명을 놓으니 이름이 '잡장엄雜莊嚴'이라
보배깃대와 깃발과 일산이 한량없으며
향을 사르고 꽃을 뿌리고 온갖 음악을 연주하여
도성과 고을의 안과 밖에 모두 가득하나니라.

그야말로 '잡장엄雜莊嚴'이다. 오늘날에도 사찰에 큰 행사가 있으면 깃대를 꽂고 깃발을 휘날리고 향을 사르고 꽃을 장식하고 풍악을 연주하여 온 동네와 시내를 가득 메운다. 그 모두가 일일이 다 빛나는 광명이다. 그뿐만 아니라 사계절에 형형색색으로 변하는 자연 현상들, 그 모두가 낱낱이 눈부신 광명이다. 해가 뜨고 지는 것에 따라 시간 시간마다 변하는 하루 동안의 모든 변화도 무어라 형용할 수 없는 눈부신 광명이다.

본 이 미 묘 기 악 음
本以微妙妓樂音과

중 향 묘 화 당 개 등
衆香妙華幢蓋等으로

종 종 장 엄 공 양 불
種種莊嚴供養佛일새

시 고 득 성 차 광 명
是故得成此光明이니라

본래 미묘한 기악음妓樂音과

온갖 향과 묘한 꽃과 깃대와 일산 등으로

갖가지 장엄으로 부처님께 공양할새

이런 까닭에 이 광명을 얻었느니라.

    잡장엄雜莊嚴이라는 광명을 얻은 인연을 밝혔다. 사람들에게 아름다운 음악을 들려주는 것도 큰 공덕이다. 향과 꽃과 깃대와 깃발과 일산 등등을 공양하는 것도 큰 공덕이 되어 여러 가지로 장엄하게 된다. 그것이 잡장엄이다.

우방광명명엄결
又放光明名嚴潔이니

영지평탄유여장
令地平坦猶如掌하야

장엄불탑급기처
莊嚴佛塔及其處일새

시고득성차광명
是故得成此光明이니라

또 광명을 놓으니 '엄결嚴潔'이라

땅이 평탄하여 마치 손바닥과 같나니

불탑과 그 장소를 장엄할새

이런 까닭에 이 광명을 얻었느니라.

하나의 게송에서 '엄결嚴潔'이라는 장엄에 대해서 설명하고 그 장엄을 얻은 인연까지 밝혔다. 엄결嚴潔이란 청결하게 장엄하였다는 뜻이다. 길을 가다가 굴곡이 없이 평탄한 땅을 만나면 큰 도량을 건립하고 싶은 마음이 생긴다. 그런 땅에 불탑을 높이 세우고 사찰을 마음껏 세워 수행 공간을 제공한다면 그 공덕도 적지 않으리라.

우 방 광 명 명 대 운
又放光明名大雲이니

능 기 향 운 우 향 수
能起香雲雨香水하야

이 수 쇄 탑 급 정 원
以水灑塔及庭院일새

시 고 득 성 차 광 명
是故得成此光明이니라

또 광명을 놓으니 이름이 '대운大雲'이라
능히 향기구름을 일으켜서 향수를 비 내리나니
탑과 뜰과 사원에 물 뿌릴새
이런 까닭에 이 광명을 얻었느니라.

큰 구름 광명이다. 향기구름으로 향수를 비 내려 탑전과 사찰 주변과 일체 도량 등 온 천지에 아름다운 오분법신 향기가 진동하도록 하는 것이다.

우 방 광 명 명 엄 구　　　영 라 형 자 득 상 복
又放光明名嚴具니　　**令躶形者得上服**이라

엄 신 묘 물 이 위 시　　　시 고 득 성 차 광 명
嚴身妙物而爲施일새　**是故得成此光明**이니라

또 광명을 놓으니 이름이 '엄구嚴具'라
헐벗은 자로 하여금 좋은 옷을 얻게 하나니
몸을 장엄하는 묘한 물건을 보시할새
이런 까닭에 이 광명을 얻었느니라.

장엄거리라는 광명이다. 평소에 장엄거리를 많이 소유한 사람은 헐벗은 사람에게 좋은 옷을 보시하고 몸을 장엄하는 아름다운 물건을 보시한 공덕이다.

우 방 광 명 명 상 미　　　능 령 기 자 획 미 식
又放光明名上味니　　**能令饑者獲美食**이라

종종진찬이위시 　　　　시고득성차광명
種種珍饌而爲施_{일새}　　**是故得成此光明**이니라

또 광명을 놓으니 이름이 '상미上味'라
능히 배고픈 자로 하여금 아름다운 음식을 얻게 하나니
갖가지의 진수성찬을 보시할새
이런 까닭에 이 광명을 얻었느니라.

'상미上味'라는 광명은 아주 뛰어난 음식의 맛이다. 배고픈 사람들에게 아름다운 음식을 얻게 하며 갖가지의 진수성찬을 보시한 공덕으로 얻은 광명이다. 평소에 맛이 좋은 음식을 많이 먹을 수 있는 사람은 다른 사람들에게 좋은 음식을 많이 베푼 공덕이리라.

우방광명명대재 　　　　영빈핍자획보장
又放光明名大財니　　**令貧乏者獲寶藏**이라

이무진물시삼보 　　　　시고득성차광명
以無盡物施三寶일새　　**是故得成此光明**이니라

또 광명을 놓으니 이름이 '대재大財'라

가난하고 궁핍한 자로 하여금 보배창고를 얻게 하나니
다함없는 물건으로써 삼보께 보시할새
이런 까닭에 이 광명을 얻었느니라.

큰 재물이라는 광명이다. 이 광명은 가난하고 궁핍한 사람들에게 보배창고를 얻게 하는 것이다. 이러한 광명은 평소에 삼보를 위하여 많은 재산을 보시한 공덕으로 이뤄진다. 많은 재산은 진정 큰 광명이다. 그러나 어리석은 사람들에게는 재앙의 덩어리다. 얼른 가져다 다른 사람들에게 보시하여야 한다. 그렇지 못하면 재산을 가장 값지게 사용할 수 있는 방법을 선지식에게 물어볼 일이다.

10〉 여섯 광명이 육근六根의 청정을 나타내다

우 방 광 명 안 청 정
又放光名眼淸淨이니

능 영 맹 자 견 중 색
能令盲者見衆色이라

이 등 시 불 급 불 탑
以燈施佛及佛塔일새

시 고 득 성 차 광 명
是故得成此光明이니라

또 광명을 놓으니 이름이 '안청정眼淸淨'이라

능히 눈먼 자로 하여금 온갖 빛깔을 보게 하나니
부처님과 불탑에 등을 보시할새
이런 까닭에 이 광명을 얻었느니라.

   눈, 귀, 코, 혀, 몸, 뜻이라는 육근은 그대로가 더 이상 찬탄할 수 없는 가장 위대하고 밝은 광명이다. 사람에게는 이 육근이 있어서 온전한 사람이 되었다.

   첫째는 '안청정眼淸淨'이라는 광명이다. 만약 눈이 먼 사람이 있으면 빛을 보게 하고 부처님의 법당이나 불탑에 등불을 보시한다면 그 공덕으로 육근이 청정함을 얻으리라. 사람에게 있어서 눈보다 더 소중한 것은 없다. 60년을 기다리면서 이산가족이 상봉하려는 것도 이 눈으로 보고 싶어서다. 만약 눈이 없다면 그렇게 간절한 마음으로 기다렸겠는가. 실로 눈은 더없는 큰 광명이다.

우 방 광 명 이 청 정　　　능 영 롱 자 실 선 청
又放光名耳清淨이니　　**能令聾者悉善聽**이라

고 악 오 불 급 불 탑 　　　시 고 득 성 차 광 명
鼓樂娛佛及佛塔일새　**是故得成此光明**이니라

또 광명을 놓으니 이름이 '이청정_{耳清淨}'이라

능히 귀머거리로 하여금 다 잘 듣게 하나니

부처님과 불탑에 악기를 연주하여 즐겁게 할새

이런 까닭에 이 광명을 얻었느니라.

'이청정_{耳清淨}'이라는 광명이다. 이 광명으로 온갖 소리를 듣고, 음악을 듣고, 법문을 듣는다. 부처님과 불탑에 악기를 연주하여 즐겁게 한 인연으로 얻은 광명이다.

우 방 광 명 비 청 정　　　석 미 문 향 개 득 문
又放光名鼻清淨이니　**昔未聞香皆得聞**이라

이 향 시 불 급 불 탑　　　시 고 득 성 차 광 명
以香施佛及佛塔일새　**是故得成此光明**이니라

또 광명을 놓으니 이름이 '비청정_{鼻清淨}'이라

옛적에 맡지 못하던 향기를 모두 맡게 하나니

향기로써 부처님과 불탑에 보시할새

이런 까닭에 이 광명을 얻었느니라.

'비청정鼻清淨'이라는 광명은 옛적에 맡지 못하던 향기를 모두 맡게 한다. 사찰에서는 향을 많이 사용한다. 불교에서 향의 참뜻은 오분법신향五分法身香에 있는데 코에도 좋지 않은 향을 왜 그렇게 많이 사용하는가. 중국의 사찰에서는 부엌에서 불을 때듯이 아름드리 향을 태우고 있다. 옛적에 맡지 못하던 향기란 무엇인가. 불법에 귀의하여 계향과 정향과 혜향과 해탈향과 해탈지견향을 비로소 맡게 되었다는 뜻이다.

우방광명설청정
又放光名舌清淨이니

능이미음칭찬불
能以美音稱讚佛이라

영제추악불선어
永除麤惡不善語일새

시고득성차광명
是故得成此光明이니라

또 광명을 놓으니 이름이 '설청정舌清淨'이라
능히 아름다운 음성으로 부처님을 칭찬하나니
추악하여 좋지 못한 말을 길이 제거할새
이런 까닭에 이 광명을 얻었느니라.

'설청정舌淸淨'이라는 광명이다. 혀는 왜 있는가. 음식의 맛도 감상하지만 무엇보다 아름다운 음성으로 부처님의 지혜와 복덕을 찬탄하기 위해서 있다. 늘 좋은 말을 하고 남을 칭찬하며 세상을 찬탄하는 공덕으로 설청정이라는 광명을 얻은 것이다.

우 방 광 명 신 청 정
又放光名身淸淨이니

제 근 결 자 영 구 족
諸根缺者令具足이라

이 신 예 불 급 불 탑
以身禮佛及佛塔일새

시 고 득 성 차 광 명
是故得成此光明이니라

또 광명을 놓으니 이름이 '신청정身淸淨'이라
모든 근根이 결핍된 자로 하여금 구족케 하나니
몸으로써 부처님과 불탑에 예배할새
이런 까닭에 이 광명을 얻었느니라.

'신청정身淸淨'이라는 광명이다. 실은 이 몸 이대로가 눈부신 광명이다. 부처님께 예배하고, 불탑에 예배하고, 어른에게 예배하는 공덕으로 몸이 청정함을 얻는다.

우 방 광 명 의 청 정
又放光名意清淨이니

영 실 심 자 득 정 념
令失心者得正念이라

수 행 삼 매 실 자 재
修行三昧悉自在일새

시 고 득 성 차 광 명
是故得成此光明이니라

또 광명을 놓으니 이름이 '의청정意淸淨'이라
정신을 잃은 자로 하여금 바른 생각을 얻게 하나니
삼매를 수행함이 모두 자재할새
이런 까닭에 이 광명을 얻었느니라.

'의청정意淸淨'이라는 광명은 뜻이 청정하므로 정신을 잃지 않는다. 그리고 생각이 바르다. 평소에 선정을 잘 닦고 마음을 안정시키며 정신이 산만하지 않아야 얻을 수 있는 광명이다.

11) 여섯 광명이 육진六塵의 청정을 나타내다

우 방 광 명 색 청 정
又放光名色淸淨이니

영 견 난 사 제 불 색
令見難思諸佛色이라

이 중 묘 색 장 엄 탑
以衆妙色莊嚴塔일새

시 고 득 성 차 광 명
是故得成此光明이니라

또 광명을 놓으니 이름이 '색청정色淸淨'이라
생각하기 어려운 모든 부처님의 색상을 보게 하나니
온갖 아름다운 빛깔로써 탑을 장엄할새
이런 까닭에 이 광명을 얻었느니라.

앞에서는 육근이 모두 눈부신 광명임을 설명하였다. 이번에는 육근의 대상인 육진이 모두 눈부신 광명임을 설명한다. 이 세상 그 무엇이 광명이 아니겠는가마는 이와 같이 하나하나 들어 가며 그것이 곧 눈부신 광명이며 소중한 광명임을 설명하니 더욱 확실해진다.

육진 중에서 먼저 '색청정色淸淨'이라는 광명이다. 부처님의 색상을 제대로 보는 안목은 쉽지 않다. 온갖 아름다운 빛깔로써 탑을 장엄한 공덕이라고 하였다.

우 방 광 명 성 청 정
又放光名聲淸淨이니

영 지 성 성 본 공 적
令知聲性本空寂이라

관 성 연 기 여 곡 향
觀聲緣起如谷響일새

시 고 득 성 차 광 명
是故得成此光明이니라

또 광명을 놓으니 이름이 '성청정聲淸淨'이라
소리의 성품이 본래 공적함을 알게 하나니
소리의 연기緣起가 메아리와 같음을 보게 할새
이런 까닭에 이 광명을 얻었느니라.

육근과 육진과 육식은 사람 삶의 전 영역이다. 그것을 떠나서는 사람의 삶을 생각할 수 없다. 그러므로 사람의 삶에서 만나는 모든 주관이나 객관이나 또 주객을 연결해 주는 의식까지도 낱낱이 소중하고 눈부신 광명이다. 이번에는 '성청정聲淸淨'이라는 광명을 들었다. 소리를 잘 관찰하면 연기의 이치를 알기 쉽다. 그래서 소리의 연기緣起가 메아리와 같음을 보게 한다고 하였다.

우 방 광 명 향 청 정
又放光名香淸淨이니

영 제 취 예 실 향 결
令諸臭穢悉香潔이라

향 수 세 탑 보 리 수
香水洗塔菩提樹일새

시 고 득 성 차 광 명
是故得成此光明이니라

또 광명을 놓으니 이름이 '향청정香淸淨'이라

모든 구린 냄새로 하여금 다 향기처럼 맑게 하나니

향수로써 탑과 보리수를 씻을새

이런 까닭에 이 광명을 얻었느니라.

'향청정香淸淨'이라고 하여 달리 온갖 더러운 냄새가 정화되는 것으로 보아서는 안 된다. 코로써 향기나 냄새를 맡는다는 그 사실이 곧 훌륭한 광명이다. 방편상 향수로써 탑과 보리수를 씻은 결과라고 한 것이다.

우방광명미청정
又放光名味淸淨이니

능제일체미중독
能除一切味中毒이라

항공불승급부모
恒供佛僧及父母일새

시고득성차광명
是故得成此光明이니라

또 광명을 놓으니 이름이 '미청정味淸淨'이라

능히 모든 맛 가운데 독을 제거하나니

항상 부처님과 스님들과 부모를 공양할새

이런 까닭에 이 광명을 얻었느니라.

'미청정味淸淨'이라는 광명은 모든 맛 가운데 독을 제거한다. 항상 부처님과 스님들과 부모를 공양한 공덕이다.

우방광명촉청정
又放光名觸淸淨이니

능영악촉개유연
能令惡觸皆柔軟이라

과연검극종공우
戈鋋劍戟從空雨라도

개영변작묘화만
皆令變作妙華鬘이니라

또 광명을 놓으니 이름이 '촉청정觸淸淨'이라
능히 나쁜 촉감으로 하여금 다 부드럽고 연하게 하며
창과 칼이 허공에서 비 내리듯 하여도
다 변화시켜 아름다운 꽃다발이 되게 하나니라.

깨어 있는 눈으로 일체 감촉을 만나면 그것이 부드럽든 거칠든 광명 아닌 것이 있겠는가. 창과 칼이 허공에서 비가 내리듯 하여도 다 변화시켜 아름다운 꽃다발이 되게 하며 일체가 텅 비어 없는 것으로도 할 수 있으리라.

이 석 증 어 도 로 중   도 향 산 화 포 의 복
以昔曾於道路中에   **塗香散華布衣服**하야

영 송 여 래 영 도 상   시 고 금 획 광 여 시
迎送如來令蹈上일새   **是故今獲光如是**니라

옛적에 일찍이 도로 가운데서

향을 바르고 꽃을 뿌리고 의복衣服을 펴서

여래를 맞이하고 보낼 때 그 위를 밟게 할새

이런 까닭에 지금 광명이 이와 같음을 얻었느니라.

'촉청정觸淸淨'이라는 광명을 얻은 인연을 밝혔다.

이와 같은 설화가 전한다. 어느 날 부처님이 지나시는 길에 마침 비가 내려서 길에 물이 고이고 진흙이 많아 옷을 벗어 덮기도 하고 머리를 풀어서 덮기도 하였다는 것이다. 또 수행하는 스님이 지나는 길에 꽃을 뿌려 밟고 가게 하는 일은 지금도 태국에서 행해지고 있다. 이러한 공덕으로 이 광명을 얻었다는 것이다.

우방광명법청정	능영일체제모공
又放光名法淸淨이니	能令一切諸毛孔으로
실연묘법부사의	중생청자함흔오
悉演妙法不思議하야	衆生聽者咸欣悟니라

또 광명을 놓으니 이름이 '법청정法淸淨'이라

능히 일체 모든 모공毛孔으로 하여금

다 불가사의한 묘법을 연설하여

법문을 듣는 중생이 다 기쁨으로 깨닫게 하나니라.

"일체 모든 모공毛孔으로 하여금 다 불가사의한 묘법을 연설하여 법문을 듣는 중생이 다 기쁨으로 깨닫게 한다."는 것은 천지만물과 산천초목이 모두 묘법을 설하고 있는 소식이다. "두두가 비로毘盧요, 물물이 화장華藏" 그대로다.

인연소생무유생	제불법신비시신
因緣所生無有生이며	諸佛法身非是身이며
법성상주여허공	이설기의광여시
法性常住如虛空이니	以說其義光如是니라

인연으로 나는 것은 남[生]이 아니며
모든 부처님 법신은 이 몸이 아니며
법의 성품이 항상 머묾이 허공과 같아서
그러한 이치를 설하므로 광명이 이와 같으니라.

제법은 본래 인연으로 나고 인연으로 소멸하지만 인연으로 나는 것은 나는 것이 아니며 인연으로 소멸하는 것은 소멸하는 것이 아니다. 그래서 제법은 본래로 불생이며 본래로 불멸이다. 제불의 법신도 또한 신체가 아니다. 법신은 곧 법성이며 법성은 곧 법신이어서 법신도 법성도 모두 허공과 같다. 제불 법신의 허공성이며 법성의 허공성이다. 이와 같은 법성에 어찌 두 가지 모양이 있겠는가.

여 시 등 비 광 명 문
如是等比光明門이

여 항 하 사 무 한 수
如恒河沙無限數라

실 종 대 선 모 공 출
悉從大仙毛孔出하야

일 일 작 업 각 차 별
一一作業各差別이니라

이와 같은 종류들의 광명문光明門이

항하강의 모래와 같아 그 수가 한량없어서
모두 다 큰 선인의 모공毛孔을 좇아 나와서
낱낱이 업을 지으니 각각 차별하도다.

    위에서 열거한 90여 종의 광명은 실은 무수 억만 분의 일도 안 된다. 항하강의 모래와 같아서 그 수가 한량없다고 하지 않는가. 모두가 큰 선인, 즉 부처님의 모공으로부터 나와서 낱낱이 차별하게 업을 지은 것이라고 하였다. 그러나 그것은 곧 마음과 부처와 중생이 본래로 차별이 없는 사람 사람들이 본래로 갖춘 천백억화신이 천변만화하는 작용이다. 우리는 일분일초도 쉬지 않고 눈부신 광명을 발산하고 있다. 주관과 객관이 하나로 어우러져 모두가 그렇게 광명을 발산하고 있다. 그것은 곧 일체 생명의 천연자연성이다. 우리들 진여생명은 누가 시키지 않아도 이와 같이 천연자연으로 순간순간 천변만화하고 있다.

12〉 일체의 모공도 그와 같다

| 여 일 모 공 소 방 광 | 무 량 무 수 여 항 사 |
| **如一毛孔所放光**이 | **無量無數如恒沙**어든 |

| 일 체 모 공 실 역 연 | 차 시 대 선 삼 매 력 |
| **一切毛孔悉亦然**하니 | **此是大仙三昧力**이니라 |

한 모공毛孔에서 놓은 광명이
한량없고 셀 수 없어 항하강의 모래 수와 같거늘
일체 모공도 다 또한 그러하니
이것이 이 큰 선인의 삼매의 힘이니라.

법성게에서 일찍이 말하지 않았던가. "하나의 먼지 속에 시방세계가 있고, 일체의 먼지 속에도 다 또한 이와 같다." 그렇다. 이 우주법계에 존재하는 모든 것은 하나 속에 전체가 있고 전체 속에 또 하나가 있다. 낱낱의 하나하나마다 모두 그와 같은 원리로 존재하여 서로 엮여서 돌아가고 있다. 즉 전체가 있어 개체가 있고 개체가 모여 전체가 된다. 개인이 모여 국가가 되고 국가가 있어 개인이 있다.

13〉 광명의 인연

여기본행소득광
如其本行所得光이

수피숙연동행자
隨彼宿緣同行者하야

금방광명고여시
今放光明故如是하니

차시대선지자재
此是大仙智自在니라

본래의 수행으로 얻은 광명이

저 숙세의 인연과 함께 행한 자를 따라서

이제 광명을 놓은 까닭이 이와 같으니

이것이 이 큰 선인의 지혜가 자재함이니라.

    광명을 얻은 전반적인 인연을 밝히고 있다. "본래의 수행으로 얻은 광명이 숙세의 인연과 함께 행한 자를 따라서 이제 광명을 놓은 까닭이 이와 같다."라고 하였으며, 그리고 "이것은 부처님의 지혜가 자재함이다."라고 하였다. 눈을 뜨면 두두물물이 모두 하나같이 무량 대광명을 놓고 있다. 낱낱 사물이 그렇게 광명을 놓고 있다는 사실을 느끼고 알고 깨달으면 그것이 본래의 수행과 같이 얻은 광명이다. 지금 이 순간 이와 같이 보고 듣고 느끼고 알고 하는 광명보다 더 위대하고 밝은 광명이 또 있으랴. 이것이 광명의 인연이다.

왕 석 동 수 어 복 업   급 유 애 락 능 수 희
往昔同修於福業하며   **及有愛樂能隨喜**하며

견 기 소 작 역 부 연   피 어 차 광 함 득 견
見其所作亦復然일새   **彼於此光咸得見**이니라

지난 옛적에 복업福業을 함께 닦으며

사랑하고 즐거워하고 능히 따라 기뻐하며

그 지은 바를 보는 것도 또한 다시 그러할새

그는 이 광명에서 다 얻어 보느니라.

부처님을 따라 복덕과 지혜를 닦으려면 먼저 부처님의 복덕과 지혜를 사랑하고 즐거워하고 능히 따라 기뻐해야 한다. 부처님의 지혜를 능히 따라 기뻐하면 두두頭頭가 비로자나 부처님이요, 물물物物이 화장장엄찰해리라. 이와 같은 인식하에 존재를 바라보면 낱낱이 광명 아님이 없다. 이것이 또한 광명의 인연이다.

약 유 자 수 중 복 업   공 양 제 불 무 앙 수
若有自修衆福業하며   **供養諸佛無央數**하며

어불공덕상원구　　시차광명소개각
於佛功德常願求_{하면}　**是此光明所開覺**_{이니라}

만약 온갖 복업을 스스로 닦으며
모든 한량없는 부처님께 공양하며
부처님의 공덕에 항상 원하고 구함이 있으면
이것이 이 광명의 열어 깨우치는 바니라.

　복업을 닦고 부처님께 공양하고 부처님의 공덕을 항상 원하고 구하되 그 모든 것이 자신에게 본래로 원만구족하게 갖춰져 있다는 사실을 믿고 보아야 한다. 그래야 앞에서 밝힌 무수한 광명을 알게 되리라. 무량 광명의 인연을 이와 같이 바르게 알 때 광명에 눈을 뜨리라.

비여생맹불견일　　비위무일출세간
譬如生盲不見日_{이나}　**非爲無日出世間**_{이니}
제유목자실명견　　각수소무수기업
諸有目者悉明見_{하야}　**各隨所務修其業**_{이니라}

비유컨대 소경이 해를 보지 못함이

세상에 해가 없음이 아니니

모든 눈 있는 자가 다 밝게 보아서

각각 힘쓰는 바를 따라 그 업을 닦는 것과 같으니라.

두두물물이 찬란한 광명을 발하고 있건만 어리석은 중생이 미혹해서 그와 같은 사실을 알지 못하고 깨닫지 못한다. 마치 눈이 밝은 사람은 햇빛을 이용하여 온갖 일을 다 하지만 타고난 소경은 그 밝은 햇빛을 보지 못하는 것과 같다.

대 사 광 명 역 여 시　　유 지 혜 자 개 실 견
大士光明亦如是하야　**有智慧者皆悉見**이요

범 부 사 신 열 해 인　　어 차 광 명 막 능 도
凡夫邪信劣解人은　**於此光明莫能覩**니라

대사大士의 광명도 또한 이와 같아서

지혜가 있는 자는 모두 다 보건만

범부와 삿되게 믿는 이와 소견 좁은 이들은

이 광명을 능히 보지 못하느니라.

부처님의 광명이 그렇듯이 보살의 광명도 그와 같다. 다만 범부와 삿된 소견, 삿된 믿음을 가진 사람과 소견이 좁고 용렬한 사람들은 스스로 광명을 발산하고 있으면서 그 광명을 보지 못한다. 따라서 다른 이의 광명도 보지 못한다.

마 니 궁 전 급 연 승
摩尼宮殿及輦乘을

묘 보 령 향 이 도 영
妙寶靈香以塗瑩이라

유 복 덕 자 자 연 비
有福德者自然備요

비 무 덕 자 소 능 처
非無德者所能處니라

마니보석궁전과 연輦을
묘한 보배와 신령스러운 향수를 발라 빛나게 하니
복덕이 있는 자는 자연히 갖출 것이요
복덕이 없는 자는 능히 있을 곳이 아니니라.

"부처님께서 처음 정각을 성취하시니 그 땅은 견고하여 다이아몬드로 이루어졌더라." 우리가 지금 어떤 환경에 처해 있든지 깨어 있는 눈으로 세상을 바라보면 그대로가 마니보석 궁전이요, 소달구지를 탔어도 묘한 보배와 신령스러운 향수를 발라 빛나게 하니 소중하고 아름답기 그지없다. 그래서 "복덕과 지혜가 있는 사람은 자연히 갖출 것이요."라고 하였다.

      대 사 광 명 역 여 시　　　　유 심 지 자 함 조 촉
      大士光明亦如是하야　　**有深智者咸照觸**이어니와

      사 신 열 해 범 우 인　　　　무 유 능 견 차 광 명
      邪信劣解凡愚人은　　　**無有能見此光明**이니라

대사大士의 광명도 또한 이와 같아서

깊은 지혜가 있는 자는 다 비추거니와

삿된 믿음을 가진 자와

소견이 좁은 범부와 어리석은 사람은

능히 이 광명을 보지 못하리라.

  무수한 광명을 설명하고 나서 그 광명의 인연을 밝히면서 복덕이 있는 사람과 지혜가 있는 사람의 조건을 들었다. 그 어떤 복덕과 지혜라 하더라도 그것은 이미 모든 사람에게 갖추어져 있는 무량대복이며 무량대지혜이다. 본래로 여

래와 중생이 둘이 아니며 보살과 중생이 둘이 아니기 때문이다. 스스로 이 사실에 눈뜨지 못하면 그가 곧 광명을 보지 못하는 삿된 믿음을 가진 자와 소견이 좁은 범부와 어리석은 사람이다.

14〉광명의 이익을 나타내다

약 유 문 차 광 차 별
若有聞此光差別하고

능 생 청 정 심 신 해
能生淸淨深信解하면

영 단 일 체 제 의 망
永斷一切諸疑網하야

속 성 무 상 공 덕 당
速成無上功德幢이니라

만약 어떤 이가 이 광명의 차별을 듣고
능히 청정하고 깊은 믿음과 이해를 내면
영원히 일체 모든 의심의 그물을 끊어서
빨리 가장 높은 공덕의 깃대를 이루리라.

광명이 차별하게 나타나는 것이 육근, 육진, 육식이며 두두물물이며 삼라만상이며 천지만물 모든 것이라는 사실을 깊이 믿고 이해한다면 일체에 의혹이 없으리라. 그리고 무량

공덕의 깃발을 휘날리리라. 이것이 광명의 이익이다.

(9) 주반主伴이 장엄한 삼매

1〉삼매의 의미

有勝三昧能出現하니   **眷屬莊嚴皆自在**라
一切十方諸國土에   **佛子衆會無倫匹**이니라

수승한 삼매가 있으니 '능출현能出現'이라
권속과 장엄이 모두 자재하여
일체 시방 모든 국토에
불자들의 온갖 모임에 짝할 이가 없느니라.

지금까지는 무량 무수한 광명삼매를 노래하여 찬탄하였고, 다시 다른 삼매를 찬탄한다. '능출현能出現'이라는 삼매가 있는데 권속과 장엄이 자유자재하다. 갑이 주인 삼매가 되면 을이 손님 삼매가 되고, 을이 주인 삼매가 되면 갑이 손

님 삼매가 된다. 세상의 일체 존재가 이와 같이 서로서로 역할을 바꿔 가면서 출입이 자유자재하다. 일체 존재의 사사무애성事事無礙性을 나타낸 것이다. 그래서 일체 시방에서 비교할 삼매가 없고 짝할 삼매가 없다.

2) 한곳의 작용을 나타내다

유 묘 연 화 광 장 엄　　　양 등 삼 천 대 천 계
有妙蓮華光莊嚴호대　**量等三千大千界**어든

기 신 단 좌 실 충 만　　　시 차 삼 매 신 통 력
其身端坐悉充滿하니　**是此三昧神通力**이니라

아름다운 연꽃이 있어 광명으로 장엄하되
그 크기가 삼천대천세계와 같거늘
그 몸이 단정히 앉아 다 충만하니
이것이 이 삼매의 신통력이로다.

능춘현能出現이라는 삼매의 신통력으로 삼천대천세계만 한 연꽃이 단정히 앉아 있다. 삼천대천세계만 한 연꽃이라면 삼천대천세계 그대로가 곧 연꽃이다. 그대로가 세계일화世界

一花다. 삼매의 힘으로 온 세계가 연꽃으로 출현하였다.

부 유 십 찰 미 진 수 　　　묘 호 연 화 소 위 요
復有十刹微塵數인　　　**妙好蓮華所圍遶**어든

제 불 자 중 어 중 좌 　　　주 차 삼 매 위 신 력
諸佛子衆於中坐하니　　**住此三昧威神力**이니라

다시 열 세계 미진수의

아름답고 미묘한 연꽃이 둘러싸고 있거늘

모든 불자 대중들이 그 가운데 앉으니

이 삼매에 머무른 위신력이로다.

　능출현能出現이라는 삼매의 신통력으로 삼천대천세계만 한 연꽃이 단정히 앉아 있다. 그 큰 연꽃을 중심으로 다시 또 열 세계 미진수의 많고 많은 아름답고 미묘한 연꽃이 둘러싸고 있다. 그 연꽃 하나하나에는 또 불자 대중들이 그 가운데 앉아 있다. 이와 같은 광경을 그림으로 그려 보라. 참으로 장관이리라.

숙세성취선인연　　　구족수행불공덕
宿世成就善因緣하고　**具足修行佛功德**한

차등중생요보살　　　실공합장관무염
此等衆生遶菩薩하야　**悉共合掌觀無厭**이니라

지난 세상 좋은 인연 성취하고
부처님의 공덕을 구족하게 수행한
이러한 중생들이 보살들을 둘러싸고
다 함께 합장하여 즐겨 보고 있네.

비여명월재성중　　　보살처중역부연
譬如明月在星中하야　**菩薩處衆亦復然**이라

대사소행법여시　　　입차삼매위신력
大士所行法如是하니　**入此三昧威神力**이니라

비유컨대 밝은 달이 별 가운데 있는 것과 같이
보살이 가운데 있는 것도 또한 다시 그러함이라
대사의 행하는 바 법도 이와 같으니
이 삼매에 들이긴 위신력이로디.

삼매의 위신력이란 이와 같다. 앞에서는 연꽃이 장엄하게 펼쳐져 있는 광경을 그렸고, 다시 지난 세상에 훌륭한 인연을 다 성취하고 부처님의 공덕을 구족하게 수행한 중생들이 보살들을 둘러싸고 다 함께 합장하여 즐겨 보고 있는 모습을 그렸다. 마치 밤하늘에 밝게 빛나는 달을 중심으로 수많은 별이 에워싸고 있는 모습과 같다고 하였다. 이 모두가 삼매의 위신력이다.

3) 일체 방위에도 그러하다

여어일방소시현
如於一方所示現에

제불자중공위요
諸佛子衆共圍遶하야

일체방중실여시
一切方中悉如是하니

주차삼매위신력
住此三昧威神力이니라

하나의 방위에서 나타날 때
모든 불자 대중들이 함께 에워싸고 있는 것과 같이
일체 방위에서도 다 그러하니
이 삼매에 머무는 위신력이로다.

하나의 방위에서 이와 같은 연꽃과 이와 같은 보살과 이와 같은 불자들이 보살들을 에워싸고 있는 모습이 나타날 때 일체 방위에서도 다 또한 그러하다. 세계는 하나를 들면 일체가 다 들리는 이치로 엮여 있다. 하나와 전체가 서로서로 영향을 주고받는 관계와 같다.

(10) 삼매의 작용이 무진無盡하다

1〉총설總說

유승삼매명방망　　　　　　보살주차광개시
有勝三昧名方網이니　　　**菩薩住此廣開示**하야

일체방중보현신　　　　　　혹현입정혹종출
一切方中普現身호대　　　**或現入定或從出**이니라

수승한 삼매가 있으니 이름이 '방망方網'이라
보살이 여기에 머물러 넓게 열어 보여서
일체 방위 가운데 몸을 널리 나타내되
혹은 정에 들어가고 혹은 정에서 나옴을 나타내느니라.

삼매의 작용이 다함이 없음을 밝힌다. 수승한 삼매가 있

는데 그 이름이 '방망方網'이다. 방위와 방위가 마치 제석천의 궁전을 덮고 있는 그물처럼 짜여 있다. 사람과 사람이 그렇고 사물과 사물이 또한 그렇다. 일체 존재가 앞으로 설명하게 될 입정入定과 출정出定의 관계처럼 서로서로 엮어서 돌아가고 있음을 밝혔다.

2〉기세간器世間에서의 자재

혹 어 동 방 입 정 정　　　　이 어 서 방 종 정 출
或於東方入正定하야　　**而於西方從定出**하고

혹 어 서 방 입 정 정　　　　이 어 동 방 종 정 출
或於西方入正定하야　　**而於東方從定出**하며

혹은 동방에서 바른 선정에 들어가
서방에서 선정으로 좇아 나오고
혹은 서방에서 바른 선정에 들어가
동방에서 선정으로 좇아 나오느니라.

혹 어 여 방 입 정 정	이 어 여 방 종 정 출
或於餘方入正定하야	**而於餘方從定出**하니
여 시 입 출 변 시 방	시 명 보 살 삼 매 력
如是入出徧十方이	**是名菩薩三昧力**이니라

혹은 나머지 다른 방위에서 바른 선정에 들어가
나머지 다른 방위에서 선정으로 좇아 나오니
이와 같이 들어가고 나옴이 시방에 두루 하니
이것이 이름이 보살의 삼매력이로다.

불교에서는 세 가지 세간을 말하는데 기세간器世間과 중생세간衆生世間과 지정각세간智正覺世間이다. 기세간이란 동서남북과 사유상하의 일체 세계와 일체 방위를 뜻하고, 중생세간이란 다양한 중생들을 말하고, 지정각세간이란 깨달음을 성취한 성인의 정신세계를 뜻한다. 먼저 기세간에서의 입정과 출정이 자유자재함을 들었다. 이것이 보살의 삼매력이다.

3〉 지정각세간智正覺世間에서의 자재

진어동방제국토
盡於東方諸國土의

실현기전보친근
悉現其前普親近하야

소유여래무수량
所有如來無數量이어든

주어삼매적부동
住於三昧寂不動하며

동방으로 끝까지 모든 국토에
여래의 그 수가 한량없거늘
그 앞에 다 나타나서 널리 친근親近하지만
삼매에 머물러 고요히 움직이지 않도다.

삼매에 들어 고요히 움직이지 않는 상태에서 동방으로 끝없는 모든 국토, 한량없는 여래 앞에 나타나 두루 널리 친근한다. 삼매의 힘이 아니면 어찌 이와 같을 수 있겠는가.

이어서방제세계
而於西方諸世界의

개현종어삼매력
皆現從於三昧力하야

일체제불여래소
一切諸佛如來所에

광수무량제공양
廣修無量諸供養이로다

서방에 있는 모든 세계의
일체 모든 부처님 여래의 계신 곳에
삼매력으로부터 일어나서
널리 한량없는 온갖 공양 닦음을 다 나타내도다.

 삼매에 들어서 고요히 움직이지 않는 상태에서 동방으로 끝없는 모든 국토, 한량없는 여래 앞에 나타나 두루 널리 친근하면서 한편 삼매력으로부터 일어나 서방의 모든 세계 일체 여래 처소에 한량없는 공양을 널리 닦는다.

진 어 서 방 제 국 토
盡於西方諸國土의

소 유 여 래 무 수 량
所有如來無數量이어든

실 현 기 전 보 친 근
悉現其前普親近하야

주 어 삼 매 적 부 동
住於三昧寂不動하며

서방으로 끝까지 모든 국토에
여래의 그 수가 한량없거늘
다 그 앞에 나타나서 널리 친근하지만
삼매에 머물러 고요히 움직이지 않도다.

삼매에 머물러 고요히 움직이지 않는 상태에서 서방으로 끝까지 모든 국토, 한량없는 여래 앞에 나타나 널리 친근한다. 만약 그 많은 여래를 일일이 찾아다니면서 친근하고 공양한다면 세상은 얼마나 번거로우며 얼마나 시끄러울까.

이 어 동 방 제 세 계
而於東方諸世界의
일 체 제 불 여 래 소
一切諸佛如來所에
개 현 종 어 삼 매 기
皆現從於三昧起하야
광 수 무 량 제 공 양
廣修無量諸供養이로다

동방에 있는 모든 세계의
일체 모든 부처님 여래 계신 곳에
삼매로 좇아 일어나서
한량없는 모든 공양 널리 닦음을 나타내도다.

삼매에 머물러 고요히 움직이지 않는 상태에서 서방으로 끝까지 모든 국토, 한량없는 여래 앞에 나타나 널리 친근하면서 한편 동방에 있는 모든 세계의 일체 모든 부처님 여래 계신 곳에 삼매로 좇아 일어나서 한량없는 모든 공양 널리 닦음을 나타낸다. 이것이 삼매의 힘이다. 지정각세간에서의 자재한 삼매의 힘을 밝혔다.

<blockquote>
여시시방제세계　　보살실입무유여
如是十方諸世界에　**菩薩悉入無有餘**하야
혹현삼매적부동　　혹현공경공양불
或現三昧寂不動하고　**或現恭敬供養佛**이니라
</blockquote>

이와 같이 시방의 모든 세계에
보살이 남김없이 다 들어가
혹은 삼매에서 고요히 움직이지 않음을 나타내고
혹은 부처님을 공경하고 공양함을 나타내도다.

이와 같이 시방의 모든 세계에서 동서남북 사유상하 어디에도 걸리지 아니하고 번갈아 가며 삼매의 자유를 다 나타낸다. 즉 동방에서 삼매에 들어 움직이지 아니한 상태에서 동방의 한량없는 여래를 친근하면서 다시 또 서방의 일체 여래 처소에서 삼매에서 일어나 한량없는 공양을 닦는다. 다시 또 서방에서 삼매에 들어 움직이지 아니한 상태에서 서방의 한량없는 여래를 친근하면서 다시 또 동방의 일체 여래 처소에서 삼매에서 일어나 한량없는 공양을 닦는다. 이와 같이 시방세계를 일일이 번갈아 가면서 삼매에 들고 삼매에서 일어난다. 한마디로 삼매의 바른 상태는 목석이 되어 수천 년을 죽은 듯이 가만히 있는 것이 아니라 활발발活鱍鱍하게 일체 중생 부처님께 공양 공경을 수행하는 일이다. 이것이 인불사상의 삼매 활동이다.

4〉 근근과 진진塵의 자재

어 안 근 중 입 정 정　　　어 색 진 중 종 정 출
於眼根中入正定하고　　**於色塵中從定出**하야

시 현 색 성 부 사 의　　　일 체 천 인 막 능 지
示現色性不思議하니　　**一切天人莫能知**니라

안근眼根 가운데서 바른 선정에 들어가
색진色塵 가운데서 선정을 좇아 나오며
색의 성품이 부사의함을 나타내 보이니
일체 천신과 사람이 능히 알지 못하도다.

근根과 진塵이란 육근과 육근의 대상인 육진이다. 다시 말하면 주관과 객관이며 주체와 객체다. 또 나와 남이기도 하다. 눈에서 선정에 들어가서 눈의 경계인 사물에서 선정으로부터 일어난다. 주객이 둘이 아니고 너와 내가 둘이 아니고 주체와 객체가 둘이 아닌 모든 존재의 불이성不二性을 자유자재로 활용하는 삼매다.

어 색 진 중 입 정 정　　　　어 안 기 정 심 불 란
於色塵中入正定하고　　**於眼起定心不亂**하야

설 안 무 생 무 유 기　　　　성 공 적 멸 무 소 작
說眼無生無有起라　　**性空寂滅無所作**이니라

색진色塵 가운데서 바른 선정에 들어가
눈에서 선정에서 일어나도 마음이 산란하지 않으니
눈은 생멸生滅도 없고 기멸起滅도 없어서
성품이 공하고 적멸하여 짓는 바가 없음을 말하느니라.

앞에서와 반대로 경계인 사물에서 선정에 들어 주체인 눈에서 선정으로부터 일어난다. 그러나 눈은 생멸도 없고 기멸

도 없다. 눈의 성품이 공하고 적멸하여 짓는 바가 없다. 존재의 공성空性을 깨달으면, 즉 색즉시공이고 공즉시색이면 눈과 사물이 사사무애하여 걸림이 없다. 병을 깨뜨리지 않고도 산 채로 새를 끄집어낼 수 있는 이치가 있다.

어 이 근 중 입 정 정
於耳根中入正定하고
어 성 진 중 종 정 출
於聲塵中從定出하야
분 별 일 체 어 언 음
分別一切語言音하니
제 천 세 인 막 능 지
諸天世人莫能知니라

이근耳根 가운데서 바른 선정에 들어가
성진聲塵 가운데서 선정을 좇아 나와서
온갖 말과 음성을 분별하니
모든 천신과 세상 사람들이 능히 알지 못하도다.

귀와 소리가 상대다. 귀에서 선정에 들어가서 소리에서 선정으로부터 나오는 것은 천신과 세상 사람들이 능히 알지 못하는 경지이다.

어성진중입정정 　　　　　어이기정심불란
於聲塵中入正定하고　**於耳起定心不亂**하야

설이무생무유기　　　　　성공적멸무소작
說耳無生無有起라　　**性空寂滅無所作**이니라

성진聲塵 가운데서 바른 선정에 들어가

귀에서 선정을 일으켜도 마음이 산란하지 않으니

귀는 생멸도 없고 기멸도 없어

성품이 공하고 적멸하여 짓는 바가 없음을 말하느니라.

　반대로 소리에서 선정에 들어가서 귀에서 선정으로부터 나와도 마음은 산란하지 않는다. 귀나 소리나 근본이 공성인 관계로 공성에서 보면 생멸도 없고 기멸도 없고 짓는 바도 없다.

어비근중입정정　　　　　어향진중종정출
於鼻根中入正定하고　**於香塵中從定出**하야

보득일체상묘향　　　　　제천세인막능지
普得一切上妙香하니　**諸天世人莫能知**니라

비근鼻根 가운데서 바른 선정에 들어가

향진香塵 가운데서 선정을 좇아 나오며
널리 일체 가장 묘한 향을 얻으니
모든 천신과 세상 사람들이 능히 알지 못하도다.

어 향 진 중 입 정 정　　　　　어 비 기 정 심 불 란
於香塵中入正定하고　　**於鼻起定心不亂**하야
설 비 무 생 무 유 기　　　　　성 공 적 멸 무 소 작
說鼻無生無有起라　　　**性空寂滅無所作**이니라

향진香塵 가운데서 바른 선정에 들어가
코에서 선정을 일으켜도 마음이 산란하지 않으니
코는 생멸도 없고 기멸도 없어
성품이 공하고 적멸하여 짓는 바가 없음을 말하느니라.

코에서 선정에 들고 향기에서 선정으로부터 일어난다. 주관과 객관이 원융자재한 입정과 출정이다. 다시 향기에서 입정하여 코에서 출정한다. 그러나 마음은 산란하지 않다. 일체가 공성이라 생멸도 없고 기멸도 없고 지음도 없다.

어설근중입정정 　　　어미진중종정출
於舌根中入正定하고　**於味塵中從定出**하야

보득일체제상미 　　　제천세인막능지
普得一切諸上味하니　**諸天世人莫能知**니라

설근舌根 가운데서 바른 선정에 들어가

미진味塵 가운데서 선정을 좇아 나오며

널리 온갖 좋은 맛을 얻으니

모든 천신과 세상 사람들이 능히 알지 못하도다.

어미진중입정정 　　　어설기정심불란
於味塵中入正定하고　**於舌起定心不亂**하야

설설무생무유기 　　　성공적멸무소작
說舌無生無有起라　**性空寂滅無所作**이니라

미진味塵 가운데서 바른 선정에 들어가

혀에서 선정을 일으켜도 마음이 산란하지 않으니

혀는 남도 없고 일어남도 없어

성품이 공하고 적멸하여 짓는 바가 없음을 말하느니라.

혀에서 선정에 들어 맛에서 선정으로부터 나온다. 그러

면서 온갖 좋은 맛을 얻으니 천신도 사람도 알지 못한다. 함께 공성인지라 생멸도 없고 기멸도 없고 지음도 없다.

어신근중입정정　　　　어촉진중종정출
於身根中入正定하고　**於觸塵中從定出**하야

선능분별일체촉　　　　제천세인막능지
善能分別一切觸하니　**諸天世人莫能知**니라

신근身根 가운데서 바른 선정에 들어가
촉진觸塵 가운데서 선정을 좇아 나오며
잘 능히 온갖 촉감을 분별하니
모든 천신과 세상 사람들이 능히 알지 못하도다.

어촉진중입정정　　　　어신기정심불란
於觸塵中入正定하고　**於身起定心不亂**하야

설신무생무유기　　　　성공적멸무소작
說身無生無有起라　　**性空寂滅無所作**이니라

촉진觸塵 가운데서 바른 선정에 들어가
몸에서 선정을 일으켜도 마음이 산란하지 않으니

몸은 남도 없고 일어남도 없어
성품이 공하고 적멸하여 짓는 바가 없음을 말하느니라.

몸에서 선정에 들어 감촉에서 선정으로부터 나온다. 그러면서 온갖 촉감을 분별한다. 천신도 사람도 알지 못하는 경지이다. 다시 감촉에서 선정에 들어 몸에서 선정으로부터 나온다. 그러나 마음은 산란하지 않다. 역시 공성이 근본인지라 생멸도 없고 기멸도 없고 지음도 없다.

어 의 근 중 입 정 정
於意根中入正定하고

어 법 진 중 종 정 출
於法塵中從定出하야

분 별 일 체 제 법 상
分別一切諸法相하니

제 천 세 인 막 능 지
諸天世人莫能知니라

의근意根 가운데서 바른 선정에 들어가
법진法塵 가운데서 선정을 좇아 나오며
온갖 모든 법의 모양을 분별하니
모든 천신과 세상 사람들이 능히 알지 못하도다.

어 법 진 중 입 정 정　　　종 의 기 정 심 불 란
於法塵中入正定하고　　**從意起定心不亂**하야

설 의 무 생 무 유 기　　　성 공 적 멸 무 소 작
說意無生無有起라　　**性空寂滅無所作**이니라

법진法塵 가운데서 바른 선정에 들어가
뜻을 좇아 선정을 일으켜도 마음이 산란하지 않으니
뜻은 남도 없고 일어남도 없어
성품이 공하고 적멸하여 짓는 바가 없음을 말하느니라.

육근의 마지막인 의근이다. 의근에서 선정에 들어 법진法塵에서 선정으로부터 나온다. 모든 법의 모양을 분별하나 천신도 사람도 알지 못한다. 다시 법진에서 선정에 들어 의근에서 선정으로부터 나오지만 근본이 공성이며 원융자재한 경지인지라 생멸도 없고 기멸도 없고 또한 지음도 없다. 모든 존재가 본래로 갖춘 호용성互用性이다.

5〉 타인신他人身의 자재

童子身中入正定하야　壯年身中從定出하고
동 자 신 중 입 정 정　　장 년 신 중 종 정 출

壯年身中入正定하야　老年身中從定出하며
장 년 신 중 입 정 정　　노 년 신 중 종 정 출

동자童子의 몸 가운데서 바른 선정에 들어가

장년의 몸 가운데서 선정을 좇아 나오고

장년의 몸 가운데서 바른 선정에 들어가

노년의 몸 가운데서 선정을 좇아 나오며

　동자童子의 몸에서 장년의 몸으로, 다시 장년의 몸에서 노년의 몸으로 드나들면서 입정과 출정을 마음대로 한다. 육근에서 육진으로 번갈아 드나들면서 입정과 출정을 하는 것과 또 다른 차원이다. 부처와 중생이 둘이 아니고, 너와 내가 둘이 아니며, 남자와 여자가 둘이 아니고, 젊은이와 노인이 둘이 아닌 일체 존재의 불이성不二性을 선정에서 보인 것이다.

노년신중입정정	선녀신중종정출
老年身中入正定하야	**善女身中從定出**하고
선녀신중입정정	선남신중종정출
善女身中入正定하야	**善男身中從定出**하며

노년의 몸 가운데서 바른 선정에 들어가

선녀善女의 몸 가운데서 선정을 좇아 나오고

선녀의 몸 가운데서 바른 선정에 들어가

선남善男의 몸 가운데서 선정을 좇아 나오며

선남신중입정정	비구니신종정출
善男身中入正定하야	**比丘尼身從定出**하고
비구니신입정정	비구신중종정출
比丘尼身入正定하야	**比丘身中從定出**하며

선남의 몸 가운데서 바른 선정에 들어가

비구니의 몸에서 선정을 좇아 나오고

비구니의 몸에서 바른 선정에 들어가

비구의 몸 가운데서 선정을 좇아 나오며

타인의 몸에서 선정에 들고 남이 자유자재하며, 남녀와

노소와 출가와 재가의 몸에서 선정에 들고 남이 자유자재하다. 너와 내가 둘이 아니듯이 출가와 재가도 또한 둘이 아닌 존재의 융합성과 융통성을 밝혔다. 그러므로 일체 존재와 일체 사람은 본래로 소통되어 있다. 그런데 왜 소통이 되지 않아 소통과 소통을 부르짖고 있는가.

비구 신 중 입 정 정
比丘身中入正定하야

학 무 학 신 종 정 출
學無學身從定出하고

학 무 학 신 입 정 정
學無學身入正定하야

벽 지 불 신 종 정 출
辟支佛身從定出하며

비구의 몸 가운데서 바른 선정에 들어가
학學과 무학無學의 몸에서 선정을 좇아 나오고
학과 무학의 몸에서 바른 선정에 들어가
벽지불의 몸에서 선정을 좇아 나오며

벽 지 불 신 입 정 정
辟支佛身入正定하야

현 여 래 신 종 정 출
現如來身從定出하고

$$\underset{\text{어 여 래 신 입 정 정}}{\textbf{於如來身入正定}}_{\text{하야}} \quad \underset{\text{제 천 신 중 종 정 출}}{\textbf{諸天身中從定出}}_{\text{하며}}$$

벽지불의 몸에서 바른 선정에 들어가
여래가 나타낸 몸에서 선정을 좇아 나오고
여래의 몸에서 바른 선정에 들어가
모든 천신의 몸 가운데서 선정을 좇아 나오며

동자와 장년과 노년과 선남 선녀와 비구 비구니와 학과 무학과 벽지불과 여래의 몸과 천신의 몸에 이르기까지 입정과 출정이 자유자재하다. 본래로 서로가 융통자재한 관계이기 때문이다.

$$\underset{\text{제 천 신 중 입 정 정}}{\textbf{諸天身中入正定}}_{\text{하야}} \quad \underset{\text{대 용 신 중 종 정 출}}{\textbf{大龍身中從定出}}_{\text{하고}}$$

$$\underset{\text{대 용 신 중 입 정 정}}{\textbf{大龍身中入正定}}_{\text{하야}} \quad \underset{\text{야 차 신 중 종 정 출}}{\textbf{夜叉身中從定出}}_{\text{하며}}$$

모든 하늘의 몸 가운데서 바른 선정에 들어가
큰 용의 몸 가운데서 선정을 좇아 나오고

큰 용의 몸 가운데서 바른 선정에 들어가
야차의 몸 가운데서 선정을 좇아 나오며

야 차 신 중 입 정 정　　　귀 신 신 중 종 정 출
夜叉身中入正定하야　**鬼神身中從定出**이니라

야차의 몸 가운데서 바른 선정에 들어가
귀신의 몸 가운데서 선정을 좇아 나오느니라.

심지어 천신과 용과 야차와 귀신의 몸까지도 서로서로 융통자재하다. 어디 그것뿐이겠는가. 사성四聖과 육범六凡이 서로서로 융통자재하며, 천지만물과 산천초목이 사성四聖 육범六凡으로 더불어 융통자재하다. 모든 존재의 일체성과 공성과 융통성과 통합성과 원융성과 통일성과 합일성과 불이성을 깨달아 알기 때문이다.

6〉 미세자재微細自在

귀신신중입정정　　　　　일모공중종정출
鬼神身中入正定하야　**一毛孔中從定出**하고

귀신의 몸 가운데서 바른 선정에 들어가

한 모공毛孔 가운데서 선정을 좇아 나오고

일모공중입정정　　　　　일체모공종정출
一毛孔中入正定하야　**一切毛孔從定出**하며

일체모공입정정　　　　　일모단두종정출
一切毛孔入正定하야　**一毛端頭從定出**하고

한 모공毛孔 가운데서 바른 선정에 들어가

일체 모공에서 선정을 좇아 나오며

일체 모공에서 바른 선정에 들어가

한 털 끄트머리에서 선정을 좇아 나오고

일모단두입정정　　　　　일미진중종정출
一毛端頭入正定하야　**一微塵中從定出**하며

일미진중입정정　　　일체진중종정출
一微塵中入正定하야　**一切塵中從定出**이니라

한 털 끄트머리에서 바른 선정에 들어가
한 미진 가운데서 선정을 좇아 나오며
한 미진 가운데서 바른 선정에 들어가
일체 미진 가운데서 선정을 좇아 나오느니라.

　귀신의 몸에서 입정하여 한 모공毛孔 가운데서 출정하고, 한 모공에서 일체 모공으로, 또 한 터럭 끝에서 한 미진으로, 또 한 미진에서 일체 미진으로 출정과 입정을 번갈아 가면서 일一과 다多가 무애임을 밝혔다. 우주법계는 전체와 하나가 다른 것이 아니면서 또한 각각 다름을 나타내 보인다. 그것을 십현문十玄門에서는 일다상용부동문一多相容不同門이라고 한다.

7) 기세간사器世間事의 자재自在

일체진중입정정　　　금강지중종정출
一切塵中入正定하야　**金剛地中從定出**하고

119
十二. 현수품賢首品 2

금 강 지 중 입 정 정　　　　마 니 수 상 종 정 출
金剛地中入正定하야　　**摩尼樹上從定出**하며

일체 미진 가운데서 바른 선정에 들어가
금강지金剛地 가운데서 선정을 좇아 나오고
금강지 가운데서 바른 선정에 들어가
마니보석나무 위에서 선정을 좇아 나오며

기세간사器世間事에서는 일체 미진에서부터 부처님의 땅 금강지와 마니보석나무 그리고 부처님의 광명과 기타 지수화풍地水火風 사대四大와 부처님의 궁전까지를 들었다. 먼저 일체 미진에서 선정에 들어 금강지에서 나오고 금강지에서 선정에 들어 마니보석나무에서 선정을 좇아 나오는 것을 밝혔다. 보살의 삼매의 작용이 무진하다면 어디에 들고 어디에서 나온들 장애가 되겠는가.

　　마 니 수 상 입 정 정　　　　불 광 명 중 종 정 출
　　摩尼樹上入正定하야　　**佛光明中從定出**하고
　　불 광 명 중 입 정 정　　　　어 하 해 중 종 정 출
　　佛光明中入正定하야　　**於河海中從定出**하며

마니보석나무 위에서 바른 선정에 들어가
부처님 광명 가운데서 선정을 좇아 나오고
부처님 광명 가운데서 바른 선정에 들어가
강과 바다 가운데서 선정을 좇아 나오며

어 하 해 중 입 정 정 　　어 화 대 중 종 정 출
於河海中入正定하야　**於火大中從定出**하고

어 화 대 중 입 정 정 　　어 풍 기 정 심 불 난
於火大中入正定하야　**於風起定心不亂**하며

강과 바다 가운데서 바른 선정에 들어가
불 가운데서 선정을 좇아 나오고
불 가운데서 바른 선정에 들어가
바람에서 선정을 일으켜도 마음이 산란하지 않으며

어 풍 대 중 입 정 정 　　어 지 대 중 종 정 출
於風大中入正定하야　**於地大中從定出**하고

어 지 대 중 입 정 정 　　어 천 궁 전 종 정 출
於地大中入正定하야　**於天宮殿從定出**하며

十二. 현수품賢首品 2

풍대風大 가운데서 바른 선정에 들어가
지대地大 가운데서 선정을 좇아 나오고
지대 가운데서 바른 선정에 들어가
하늘궁전에서 선정을 좇아 나오며

어 천 궁 전 입 정 정　　어 공 기 정 심 불 란
於天宮殿入正定하야　**於空起定心不亂**이니라

하늘궁전에서 바른 선정에 들어가
허공에서 선정을 일으켜도 마음이 산란하지 않느니라.

마니보석나무와 부처님의 광명과 그리고 이 세계를 이루고 있는 지수화풍 사대와 다시 천상의 궁전과 허공까지 일체 기세간에서의 선정에 들고 남을 모두 밝혔다. 보살의 삼매의 작용이 무궁무진함과 원융자재함을 여실히 보였다. 따라서 그대로가 진여생명의 무궁무진성과 원융자재성임을 드러내 보인 것이다.

8〉 삼매의 불가사의

시명무량공덕자 삼매자재난사의
是名無量功德者의 **三昧自在難思議**니

시방일체제여래 어무량겁설부진
十方一切諸如來가 **於無量劫說不盡**이니라

이것이 이름이 한량없는 공덕자功德者의

삼매가 자재하여 헤아리기 어려움이니

시방의 일체 모든 여래가

한량없는 겁 동안 설하여도 다함이 없느니라.

한량없는 공덕자功德者란 먼저 정각을 이루신 부처님이며, 정각에 가까이 한 모든 보살들이며, 정각을 본래로 구족하였으나 아직은 밖으로 드러나지 않은 일체 사람과 일체 중생과 일체 생명과 일체 존재의 본래 구족한 진여본성이며, 법성생명이며 자성청정이다. 따라서 인간불성이다. 이 사실을 시방의 일체 모든 여래가 한량없는 겁 동안 설한다 한들 어찌 다 설할 수 있겠는가.

12) 비유로써 밝히다

(1) 비유도 불가능하다

일 체 여 래 함 공 설
一切如來咸共說하사대

중 생 업 보 난 사 의
衆生業報難思議며

제 용 변 화 불 자 재
諸龍變化佛自在와

보 살 신 력 역 난 사
菩薩神力亦難思니라

일체 여래가 다 한 가지로 설하시되

중생의 업보가 헤아리기 어려우며

모든 용龍의 변화와 부처님의 자재하심과

보살의 신력神力도 또한 헤아리기 어려우니라.

불교 성선에는 비유가 무수히 많이 나온다. 일체 여래께서 다 함께 말씀하시기를 중생들의 업보가 불가사의하다. 모든 용도 그 변화가 자유자재하다. 부처님도 자유자재하시다. 보살의 신력도 불가사의하다. 그래서 그와 같은 불가사의한 내용을 비유로써 나타낸다고 하더라도 불가능하다는 것이다.

(2) 지혜로운 이는 비유로써 안다

欲以譬喩而顯示인댄 終無有喩能喩此아니와
욕 이 비 유 이 현 시   종 무 유 유 능 유 차

然諸智慧聰達人은 因於譬故解其義니라
연 제 지 혜 총 달 인   인 어 비 고 해 기 의

비유로써 나타내 보이려 해도
마침내 능히 이것을 비유할 비유가 없거니와
그러나 모든 지혜 있고 총명이 달통한 사람은
비유로 말미암아 그 뜻을 아나니라.

그러나 보살의 삼매의 작용이 무진하다는 것을 비유로써 나타내더라도 마땅한 비유가 없다. 그래서 비유가 어떤 법을 설명하는데 정확하게 딱 들어맞는 것은 아니지만 "모든 지혜 있고 총명이 달통한 사람은 비유로 말미암아 그 뜻을 아나니라."라고 하였다. 그래서 무형의 진리를 이해시키려고 수많은 비유를 들어 보인 것이다.

(3) 성문들의 신통을 들어서 비유하다

성문심주팔해탈
聲聞心住八解脫하야

소유변현개자재
所有變現皆自在라

능이일신현다신
能以一身現多身하고

부이다신위일신
復以多身爲一身하며

성문聲聞의 마음은 팔해탈에 머물러서
가지고 있는 바의 변화하여 나타냄이 모두 자재하여
능히 한 몸으로써 많은 몸을 나타내고
다시 많은 몸으로써 한 몸이 되게 하며

어허공중입화정
於虛空中入火定하고

행주좌와실재공
行住坐臥悉在空하며

신상출수신하화
身上出水身下火와

신상출화신하수
身上出火身下水를

허공 가운데서 화정火定에 들어 있으면서
허공에서 가고 머물고 앉고 눕는다.
몸 위에선 물을 뿜어내고 몸 아래에서는 불을 뿜으며
몸 위에선 불을 뿜고 몸 아래에서는 물을 뿜음이라.

여시개어일념중 　　　　　종종자재무변량
如是皆於一念中에　　　**種種自在無邊量**하니

피불구족대자비 　　　　　불위중생구불도
彼不具足大慈悲하야　　**不爲衆生求佛道**호대

이와 같이 모두 한 생각 가운데서

가지가지로 자재하여 한량없으나

그들은 큰 자비를 구족하지 못하여

중생을 위해 불도佛道를 구하지 아니하도다.

상능현차난사사 　　　　　황대요익자재력
尙能現此難思事어든　　**況大饒益自在力**가

그러면서 오히려

이러한 사의하기 어려운 일도 나타내거든

하물며 큰 이익 자재한 힘이겠는가.

　비유로써 보살의 큰 삼매의 능력을 다 나타낼 수 없으나 조금이라도 이해시키려고 20종의 비유로써 밝힌다. 먼저 성문 아라한은 팔해탈을 얻어서 신통변화가 뛰어나다. 한 몸이 여러 몸이 되기도 하고 여러 몸이 한 몸이 되기도 한다. 허공에 올라 불의 선정에 들어서 걸어 다니고, 머물고, 앉고, 눕고, 또 몸에서 불을 뿜고 물을 뿜는 등등의 신통변화를 보일 수 있지만 소승이라서 중생을 위하는 자비심이 전혀 없다. 그런데도 이와 같은 신통변화를 나타내는데 하물며 보살들이야. 자비심도 있고 중생을 위하는 마음도 있는 보살에게는 중생을 위한 큰 요익을 내는 자재한 힘이 있다. 어찌 소승 성문에 비유하겠는가.

예컨대 어떤 사람의 집은 열 평이지만 온 동네 사람들이 마음대로 항상 드나들 수 있고, 어떤 사람의 집은 백 평이지만 한 사람도 마음대로 드나들 수 없다면 누구의 집이 넓은 집이겠는가. 당연히 열 평의 집이 넓은 집이다. 중생을 위하는 자비심이 없는 소승 아라한이 아무리 기상천외한 신통이 있다 한들 그것을 무엇에 쓰겠는가.

(4) 해와 달의 비유

譬如日月遊虛空에　　**影像普徧於十方**이라
비 여 일 월 유 허 공　　　영 상 보 변 어 시 방

泉池陂澤器中水와　　**衆寶河海靡不現**인달하야
천 지 피 택 기 중 수　　　중 보 하 해 미 불 현

비유컨대 해와 달이 허공에 있음에

영상이 시방에 널리 두루 하여

샘물과 못과 큰 못과 그릇 속의 물과

온갖 보배 강과 바다에 나타나지 않음이 없듯이

菩薩色像亦復然하야　　**十方普現不思議**라
보 살 색 상 역 부 연　　　시 방 보 현 부 사 의

此皆三昧自在法이니　　**唯有如來能證了**니라
차 개 삼 매 자 재 법　　　유 유 여 래 능 증 료

보살의 빛깔과 형상도 또한 다시 그러하여

시방에 널리 나타나 부사의하니

이것은 모두 삼매의 자재한 법이라

오직 여래만이 능히 증득해 아나니라.

보살의 중생을 위한 삼매 자재의 법은 마치 해와 달이 허공에 떠서 온 세상을 널리 비추고 곳곳에 그 영상이 나타나는 것과 같다. 보살은 태양이어라. 보살은 보름달이어라.

(5) 병사들의 영상 비유

여 정 수 중 사 병 상
如淨水中四兵像이

각 각 별 이 무 교 잡
各各別異無交雜이라

검 극 호 시 류 심 다
劍戟弧矢類甚多요

개 주 거 여 비 일 종
鎧冑車輿非一種이어든

예컨대 깨끗한 물에 비친 네 종류의 병사가

제각기 달라 서로 섞이지 않는지라

칼과 창과 활과 화살의 종류가 심히 많고

갑옷과 투구와 수레가 한 종류가 아니니

수 기 소 유 상 차 별
隨其所有相差別하야

막 불 개 어 수 중 현
莫不皆於水中現호대

이 수 본 자 무 분 별
而水本自無分別인달하야

보 살 삼 매 역 여 시
菩薩三昧亦如是니라

그 있는 바 모양의 차별을 따라서
다 물 가운데 나타내지 않음이 없되
물은 본래 스스로 분별함이 없으니
보살의 삼매도 또한 이와 같으니라.

물에 비친 병사들의 영상과 같이 보살의 자유자재한 삼매를 밝혔다. 네 종류의 병사란 상병象兵 마병馬兵 거병車兵 보병步兵이다. 이들이 지닌 무기도 여러 가지다. 그러나 물은 아무런 분별이 없다. 보살의 삼매도 여러 가지지만 아무런 분별을 일으키지 않는다.

(6) 음성의 비유

해 중 유 신 명 선 음　　　　기 음 보 순 해 중 생
海中有神名善音이니　　**其音普順海衆生**이라

소 유 어 언 개 변 료　　　　영 피 일 체 실 환 열
所有語言皆辨了하야　　**令彼一切悉歡悅**하나니

바다 가운데 신神이 있어 이름이 선음善音이라
그 소리가 바다 중생을 널리 수순하며

가지고 있는 말을 모두 잘 알아서
그들로 하여금 다 기쁘게 하나니

피신구유탐에치　　　유능선해일체음
彼神具有貪恚癡호대　**猶能善解一切音**이어든

황부총지자재력　　　이불능령중환희
況復總持自在力이　**而不能令衆歡喜**아

저 신神은 탐貪·진瞋·치癡를 갖추었으되
오히려 능히 온갖 소리를 잘 아나니
하물며 다시 모두를 지녀 자재한 힘이
능히 중생들로 하여금 기쁘게 하지 못하겠는가.

인도 설화에 등장하는 전설의 신에 비유하였다. 선음善音이라는 바다의 신은 바다 중생의 말과 소리를 다 잘 알아 그들 중생을 기쁘게 한다. 그러나 그는 삼독을 그대로 다 가지고 있다. 삼독을 가지고 있으면서도 그와 같은 능력이 있는데 보살은 삼독이 없으면서 온갖 자재한 힘을 가지고 있으니 어찌 중생들로 하여금 기쁘게 하지 못하겠는가.

(7) 변재辯才의 비유

유일부인명변재　　　　　부모구천이득생
有一婦人名辯才니　　**父母求天而得生**이라

약유이악요진실　　　　　입피신중생묘변
若有離惡樂眞實이면　**入彼身中生妙辯**하나니

한 부인이 있어 이름이 변재辯才니

부모가 하늘에 구하여 낳은지라

만약 악惡을 여의고 진실을 좋아하면

그 사람의 몸 가운데 들어가 묘한 변재를 내나니

피유탐욕진에치　　　　　유능수행여변재
彼有貪欲瞋恚癡호대　**猶能隨行與辯才**어든

하황보살구지혜　　　　　이불능여중생익
何況菩薩具智慧하고　**而不能與衆生益**가

그 부인은 탐욕과 진에瞋恚와 우치愚癡가 있되

오히려 능히 행을 따라 변재를 주거든

어찌 하물며 보살이 지혜를 갖추고

능히 중생들에게 이익을 주지 못하겠는가.

변재辯才라는 부인은 탐욕과 진에와 우치가 있는 상태로도 다른 사람의 몸에 들어가서 변재를 주는 능력이 있다. 그러나 중생에게 이익을 주지는 못한다. 보살은 지혜도 있고 삼독도 제거하였다. 그런데 어찌 중생을 이익하게 하지 못하겠는가. 선정에 머문 보살과 변재라는 부인은 비교가 되지 않는다는 것을 밝혔다.

(8) 마술사의 비유

비 여 환 사 지 환 법
譬如幻師知幻法하야

능 현 종 종 무 량 사
能現種種無量事라

수 유 시 작 일 월 세
須臾示作日月歲와

성 읍 풍 요 대 안 락
城邑豊饒大安樂하나니

비유컨대 환사幻師가 환법을 알아서
능히 갖가지 한량없는 일들을 나타내는지라
잠깐 동안에 오랜 세월을 짓고
도성과 고을이 풍요하여
크게 안락함을 지어 보임과 같나니

환 사 구 유 탐 에 치
幻師具有貪恚癡호대

유 능 환 력 열 세 간
猶能幻力悅世間이어든

황 부 선 정 해 탈 력
況復禪定解脫力이

이 불 능 령 중 환 희
而不能令衆歡喜리오

환사는 탐욕과 진에와 우치가 있으나
오히려 환술의 힘으로 세간을 기쁘게 하거든
하물며 선정과 해탈의 힘이
중생들을 기쁘게 하지 못하겠는가.

환사幻師란 요즘의 마술사다. 마술사는 마술로 온갖 놀랄 만한 일을 만들어 낸다. 없던 사람을 있게도 하고 있던 사람을 없게도 한다. 카드를 만들어 내고 비둘기를 만들어 내는 것은 흔히 보는 일이다. 그러나 그는 삼독을 그대로 지닌 채 마술로써 사람들을 즐겁게 한다. 보살은 삼독도 없고 선정과 해탈의 힘이 있거늘 어찌 중생을 기쁘게 하지 못하겠는가.

(9) 아수라의 비유

天阿修羅鬪戰時에　　修羅敗衄而退走하면
兵仗車輿及徒旅를　　一時竄匿莫得見하나니

천신들과 아수라가 전쟁을 할 때
아수라가 패하여 달아나면
병장기와 수레와 군대들이
일시에 숨어 버려 볼 수 없나니

彼有貪欲瞋恚癡오내　　尙能變化不思議어는
況住神通無畏法하야　　云何不能現自在리오

그들은 탐욕과 진에와 우치가 있되
오히려 능히 변화함이 부사의하거든
하물며 신통과 두려움 없는 법에 머물면서
어찌하여 능히 자재함을 나타내지 못하랴.

아수라는 신통이 불가사의하다. 천신들과 전쟁에서 패하여 달아날 때 병장기와 수레와 군대들을 아주 작게 하여 연뿌리의 작은 구멍 속에 들어가서 숨는다고 한다. 그 신통력이 참으로 대단하다. 그러나 아수라의 삼독은 여전하다. 보살은 삼독도 없고 신통과 두려움 없는 법에 머문다. 보살은 선정에 머물면서 아수라보다 몇 천 배나 자유자재함을 나타내리라.

(10) 코끼리왕의 비유

석 제 환 인 유 상 왕 　　피 지 천 주 욕 행 시
釋提桓因有象王하니 　**彼知天主欲行時**하야

자 화 작 두 삼 십 이 　　일 일 육 아 개 구 족
自化作頭三十二호대 　**一一六牙皆具足**하며

석제환인釋提桓因에게 코끼리왕이 있으니
그는 천주天主가 가고자 할 때를 알아서
스스로 머리를 서른두 개로 변화하여 짓되
낱낱이 여섯 상아象牙를 모두 갖추며

| 일일아상칠지수 | 청정향결담연만 |
| 一一牙上七池水가 | 淸淨香潔湛然滿하고 |

| 일일청정지수중 | 각칠연화묘엄식 |
| 一一淸淨池水中에 | 各七蓮華妙嚴飾이어든 |

낱낱의 상아 위에 일곱 연못의 물이 있어

깨끗하고 향기롭고 맑게 가득하며

낱낱의 청정한 연못물 가운데

각기 일곱 연꽃이 있어 아름답게 장엄하니

| 피제엄식연화상 | 각각유칠천옥녀 |
| 彼諸嚴飾蓮華上에 | 各各有七天玉女호대 |

| 실선기예주중악 | 이여제석상오락 |
| 悉善技藝奏衆樂하야 | 而與帝釋相娛樂하며 |

저 모든 장엄한 연꽃 위에

각각 일곱 하늘의 옥녀玉女들이 있어

모두 다 훌륭한 기예技藝로 온갖 음악을 연주하여

제석帝釋으로 더불어 서로 즐기느니라.

| 피 상 혹 부 사 본 형 | 자 화 기 신 동 제 천 |
彼象或復捨本形하고　自化其身同諸天에

| 위 의 진 지 실 제 등 | 유 차 변 현 신 통 력 |
威儀進止悉齊等이라　有此變現神通力하니

저 코끼리가 혹은 다시 본래의 모습을 버리고
스스로 그 몸을 모든 천신과 한가지로 변화시키니
위의威儀와 나아가고 그침이 다 같은지라
이러한 변화하여 나타내는 신통력을 가졌느니라.

| 피 유 탐 욕 진 에 치 | 상 능 현 차 제 신 통 |
彼有貪欲瞋恚癡호대　尙能現此諸神通이어든

| 하 황 구 족 방 편 지 | 이 어 제 정 부 자 재 |
何況具足方便智하고　而於諸定不自在아

저 코끼리는 탐욕과 진에와 우치가 있되
오히려 능히 이러한 모든 신통을 나타내거든
어찌 하물며 방편과 지혜를 구족하고
모든 선정에서 자재하지 못하겠는가.

코끼리왕의 비유다. 제석천의 천왕에게 코끼리의 왕이 있다. 천왕이 행차를 하려고 하면 그 코끼리는 머리를 서른두 개로 변화하는데 낱낱 머리에는 상아가 있다. 그 상아마다 일곱 개의 연못이 있고 그 연못에는 아름다운 일곱 송이의 연꽃이 피어 있다. 또 연꽃 위에는 각각 일곱 하늘의 옥녀玉女들이 있어서 모두 다 훌륭한 기예技藝로 온갖 음악을 연주한다는 등등의 신통력을 나타낸다고 한다. 그러나 "저 코끼리는 탐욕과 진에와 우치가 있되 오히려 능히 이러한 모든 신통을 나타내거든 어찌 하물며 보살은 방편과 지혜를 구족하고 모든 선정에서 자재하지 못하겠는가."라고 하였다. 코끼리의 능력과 보살의 능력을 어찌 비교하겠는가.

(11) 아수라의 큰 몸 비유

여 아 수 라 변 화 신
如阿修羅變化身이

도 금 강 제 해 중 립
蹈金剛際海中立에

해 수 지 심 근 기 반
海水至深僅其半이요

수 공 수 미 정 제 등
首共須彌正齊等이니

저 아수라의 변화한 몸이
금강제金剛際를 밟고 바다 가운데 서니

바닷물이 깊되 겨우 그 반이고
머리는 수미산과 한가지로 가지런히 같으니

피유탐욕진에치	상능현차대신통
彼有貪欲瞋恚癡호대	**尙能現此大神通**이어든
황복마원조세등	이무자재위신력
況伏魔怨照世燈이	**而無自在威神力**가

저 아수라가 탐욕과 진에와 우치가 있되
오히려 능히 이러한 큰 신통을 나타내거든
하물며 마원魔怨을 항복받은 세상을 비추는 등불이
자재한 위신력이 없겠는가.

화장세계의 향수해라는 바다는 그 밑이 모두 다이아몬드로 깔려 있다. 향수해는 대단히 깊으나 아수라가 신통을 부리면 바다의 밑바닥에 깔려 있는 다이아몬드를 딛고 서도 반밖에 차지 않는다. 그리고 이마는 수미산 꼭대기와 가지런하다. 그 키가 얼마나 크겠는가. 그와 같은 신통이 있어도 삼독을 가지고 있다. 그러나 온갖 마군을 항복받고 세상을 밝게 비추는 등불인 보살의 자재한 위신력이야 얼마나 되겠는가. 어찌 아수라의 능력과 비교하겠는가.

(12) 제석천신이 적과 싸우는 비유

천 아 수 라 공 전 시　　제 석 신 력 난 사 의
天阿修羅共戰時에　　**帝釋神力難思議**라

수 아 수 라 군 중 수　　현 신 등 피 이 여 적
隨阿修羅軍衆數하야　　**現身等彼而與敵**이어든

천신과 아수라가 같이 싸울 때에

제석천신의 신력을 사의하기 어려운지라

아수라군의 대중 수를 따라서

몸을 그와 같게 나타내어 더불어 대적하거든

제 아 수 라 발 시 념　　석 제 환 인 내 향 아
諸阿修羅發是念호대　　**釋提桓因來向我**하야

필 취 아 신 오 종 박　　유 시 피 중 실 우 췌
必取我身五種縛이라하야　　**由是彼衆悉憂悴**하며

모든 아수라가 이 생각을 하되
석제환인이 우리를 향하여 오면
반드시 우리 몸을 다섯 가지로 결박한다 하여
이로 말미암아 저 대중이 다 근심하나니라.

제 석 현 신 유 천 안　　수 지 금 강 출 화 염
帝釋現身有千眼하야　**手持金剛出火焰**하고
피 갑 지 장 극 위 엄　　수 라 망 견 함 퇴 복
被甲持仗極威嚴하야　**修羅望見咸退伏**하나니

제석천신이 몸을 나타내니 천 개의 눈이 있어
손으로 금강저를 가져 불꽃을 내고
갑옷 입고 창을 든 것이 지극히 위엄 있어
아수라가 바라보고 다 물러가 항복하니

피 이 미 소 복 덕 력　　유 능 최 파 대 원 적
彼以微小福德力으로도　**猶能摧破大怨敵**이어든
하 황 구 도 일 체 자　　구 족 공 덕 부 자 재
何況救度一切者가　**具足功德不自在**리오

그는 조그마한 복덕의 힘으로도

오히려 능히 큰 원수의 적을 꺾어 부수거늘

어찌 하물며 일체를 제도할 자가

공덕을 구족하여 자재하지 못하랴.

보살의 온갖 마군을 항복받는 덕을 비유하였다. 제석천 신이 아수라를 물리치는 이야기를 들어 보살의 공덕과 자재한 힘을 드러내었다.

(13) 하늘북의 비유 1

_{도 리 천 중 유 천 고}
忉利天中有天鼓하니

_{종 천 업 보 이 생 득}
從天業報而生得이라

_{지 제 천 중 방 일 시}
知諸天衆放逸時하야

_{공 중 자 연 출 차 음}
空中自然出此音호대

도리천 가운데 하늘북이 있어

하늘의 업보로 좇아 생긴 것이라

모든 하늘대중이 방일放逸할 때를 알아서

허공 가운데서 자연히 이 소리를 내되

일체오욕실무상　　　　여수취말성허위
一切五欲悉無常이라　　如水聚沫性虛僞며

제유여몽여양염　　　　역여부운수중월
諸有如夢如陽焰이며　　亦如浮雲水中月이니라

모든 다섯 가지 욕망이 다 무상하여

물거품과 같아 성품이 헛된 것이니

모든 것이 꿈과 같고 아지랑이와 같으며

또한 뜬구름이나 물속의 달과 같으니라.

도리천에 있는 하늘북의 설법이다. "오욕락은 무상하여 물거품과 같으며, 그 성품은 헛된 것이며, 꿈과 같고 아지랑이와 같으며, 또한 뜬구름과 같고, 물속의 달과 같다."고 하였다. 어찌 하늘대중들만의 문제이겠는가. 모든 수행자들의 공통된 문제이다.

방일위원위고뇌　　　　비감로도생사경
放逸爲怨爲苦惱라　　　非甘露道生死徑이니

약유작제방일행　　　　입어사멸대어구
若有作諸放逸行이면　　入於死滅大魚口니라

방일함은 원수가 되고 고뇌가 되며
감로의 도道가 아니라 생사의 길이며
만약 모든 방일한 행을 지으면
사멸死滅이라는 큰 고기의 입에 들어가리라.

하늘북의 계속되는 설법이다. "방일함은 원수가 되고 고뇌가 된다. 감로의 도道가 아니라 생사의 길이다."라고 하였다. 부처님께서도 열반에 들면서 마지막으로 제자들에게 경고하신 설법이 "방일하지 말라."였다. 세상사에서나 출세간의 수행에서나 방일은 가장 나쁜 것이다.

세 간 소 유 중 고 본
世間所有衆苦本을
일 체 성 인 개 염 환
一切聖人皆厭患이라
오 욕 공 덕 멸 괴 성
五欲功德滅壞性이니
여 응 애 락 진 실 법
汝應愛樂眞實法하라하면

세간에 있는 온갖 고뇌의 근본을
일체 성인이 다 싫어하며
다섯 가지 욕망은 공덕을 소멸하여 파괴하는 성품이니

그대들은 마땅히 진실한 법을 사랑하고 즐길지니라.

고뇌의 근본은 오욕락이다. 그러므로 일체 성인은 한결같이 "다섯 가지 욕망은 공덕을 소멸하여 파괴하는 성품이다."라고 경고하였다. 또 "그대들은 마땅히 진실한 법을 사랑하고 즐기라."라고 하였다.

삼십 삼 천 문 차 음   실 공 래 승 선 법 당
三十三天聞此音하고 **悉共來昇善法堂**이어든

제 석 위 설 미 묘 법   함 령 순 적 제 탐 애
帝釋爲說微妙法하야 **咸令順寂除貪愛**하나니

삼십삼천이 이 소리를 듣고
다 같이 선법당善法堂에 올라오거든
제석천신이 위하여 미묘한 법을 설하여
적멸을 수순하고 탐애를 제거하게 하나니라.

하늘북의 설법을 듣고 삼십삼천의 대중이 모두 선법당善法堂에 올라왔다. 제석천신은 그들을 위하여 미묘한 법을

설하였다. 설법을 들은 대중은 적멸을 수순하고 탐애를 제거하게 되었다.

彼音無形不可見이로대 猶能利益諸天衆이어든
況隨心樂現色身하고 而不濟度諸群生가

저 소리는 형상이 없어 볼 수 없으나
오히려 능히 모든 하늘대중을 이익하게 하거늘
하물며 마음이 즐거워하는 바를 따라 색신을 나타내어
모든 군생을 제도하지 못하겠는가

하늘북이 설법하는 소리는 형상이 없는데도 오히려 모든 하늘대중을 이익하게 한다. 하물며 보살이 삼매의 힘으로 중생들이 마음에 즐거하는 바를 따라서 몸을 나타내고 수많은 이들을 제도하는 능력이야 어찌 비교되겠는가.

(14) 하늘북의 비유 2

천아수라공투시 　　　　　　　제천복덕수승력
天阿修羅共鬪時에　　　**諸天福德殊勝力**으로

천고출음고기중　　　　　　　여등응의물우포
天鼓出音告其衆호대　　**汝等應宜勿憂怖**하라하면

천신과 아수라가 함께 싸울 때에
모든 천신들의 복덕이 수승한 힘으로
하늘의 북이 소리를 내어 그 대중에게 고하되
'너희들은 마땅히 근심하고 두려워하지 말라.' 하네.

제천문차소고음　　　　　　　실제우외증익력
諸天聞此所告音하고　　**悉除憂畏增益力**일새

시아수라심진구　　　　　　　소장병중함퇴주
時阿修羅心震懼하야　　**所將兵衆咸退走**하나니

모든 천신들이 고하는 소리를 듣고
다 근심과 두려움을 제거하고 힘을 더할새
그때에 아수라는 마음이 떨리고 두려워서
거느린 장병들이 다 달아나느니라.

감로묘정여천고 　　　　항출항마적정음
甘露妙定如天鼓하야　**恒出降魔寂靜音**이라

대비애민구일체 　　　　보사중생멸번뇌
大悲哀愍救一切하야　**普使衆生滅煩惱**니라

감로의 묘한 선정이 하늘의 북과 같아서
항상 마군을 항복시키는 고요한 소리를 내어서
큰 자비로 불쌍히 여겨 일체를 구호하여
널리 중생으로 하여금 번뇌를 멸하게 하나니라.

　천신과 아수라가 싸울 때 하늘의 북이 소리를 내어 그 대중에게 고하되 "너희들은 마땅히 근심하고 두려워하지 말라."라고 한다. 그 소리를 들은 천신들은 근심과 두려움을 제거하고 힘을 내며, 아수라들은 두려워 도망을 간다는 이야기다. 그런데 보살은 묘한 선정이 있어서 마군들을 항상 항복받고 큰 자비로 중생을 불쌍히 여겨 일체를 구호한다. 어찌 하늘의 북과 비교하겠는가.

(15) 제석천왕의 비유

제석 보응 제천녀
帝釋普應諸天女의

구 십 유 이 나 유 타
九十有二那由他하야

영 피 각 각 심 자 위
令彼各各心自謂호대

천 왕 독 여 아 오 락
天王獨與我娛樂이라하며

제석천왕이 널리 모든 천녀를 상대함에

92나유타가 있지만

저로 하여금 각기 마음속으로 스스로 이르되

천왕이 나하고만 더불어 즐긴다고 생각하게 하나니라.

여 천 녀 중 신 보 응
如天女中身普應하야

선 법 당 내 역 여 시
善法堂內亦如是호대

능 어 일 념 현 신 통
能於一念現神通하야

실 지 기 전 위 설 법
悉至其前爲說法하나니

천녀들 가운데서 몸이 두루 응함과 같이

선법당善法堂 안에서도 또한 이와 같아서

능히 한 생각에 신통을 나타내며

다 그 앞에 이르러 법을 설하네.

| 제 석 구 유 탐 에 치 | 능 령 권 속 실 환 희 |
帝釋具有貪恚癡호대 **能令眷屬悉歡喜**어든

| 황 대 방 편 신 통 력 | 이 불 능 령 일 체 열 |
況大方便神通力이 **而不能令一切悅**가

제석천왕이 탐욕과 진에와 우치를 갖추었으나
능히 권속으로 하여금 다 환희케 하거늘
하물며 큰 방편과 신통력이
능히 일체로 하여금 기쁘게 하지 못하겠는가.

제석천왕의 비유다. 제석천왕은 그 능력이 뛰어나서 92 나유타라는 무수한 천녀들을 상대한다. 그러나 그 천녀들은 천왕이 자기만을 상대한다고 생각하다. 제석천왕이 이와 같은 능력이 있다 하더라도 탐욕과 진에와 우치를 갖춘 상태로 그 권속들을 모두 기쁘게 한다. 하물며 보살은 큰 방편과 신통력이 능히 일체로 하여금 기쁘게 하지 못하겠는가. 보살의 미묘한 삼매의 힘이야 오죽하겠는가.

(16) 육천왕六天王의 비유

타 화 자 재 육 천 왕　　　　어 욕 계 중 득 자 재
他化自在六天王이　　　　**於欲界中得自在**일새

이 업 혹 고 위 견 망　　　　계 박 일 체 제 범 부
以業惑苦爲罥網하야　　　　**繫縛一切諸凡夫**하나니

타화자재他化自在 6천왕이

욕계 가운데서 자재함을 얻을새

업業과 혹惑과 고苦로써 그물을 삼아

일체의 모든 범부들을 속박하나니

피 유 탐 욕 진 에 치　　　　유 어 중 생 득 자 재
彼有貪欲瞋恚癡호대　　　　**猶於衆生得自在**어든

황 구 십 종 자 재 력　　　　이 불 능 령 중 동 행
況具十種自在力하고　　　　**而不能令衆同行**가

그는 탐욕과 진에와 우치가 있되

오히려 중생에게 자재하거늘

하물며 10종의 자재력을 갖추고서아

능히 대중으로 하여금 같이 행하게 하지 못하겠는가.

타화자재他化自在천은 육욕천六欲天의 하나로서 욕계의 가장 높은 곳에 있는 하늘이다. 여기에 태어난 자는 다른 이의 즐거움을 자기의 즐거움으로 만들어 즐길 수가 있다고 한다. 그러나 업業과 혹惑과 고苦로써 그물을 삼고 탐욕과 진에와 우치가 있는 상태로 그와 같은 능력을 행사한다. 그래서 미묘한 삼매를 성취한 보살과는 비교가 되지 않는다.

(17) 대범천왕大梵天王의 비유

삼 천 세 계 대 범 왕
三千世界大梵王이

일 체 범 천 소 주 처
一切梵天所住處에

실 능 현 신 어 피 좌
悉能現身於彼坐하야

연 창 미 묘 범 음 성
演暢微妙梵音聲하나니

삼천세계의 대범왕大梵王이

일체 범천梵天들이 머무는 곳에

다 능히 몸을 나투어 그 앞에 앉아

미묘한 범음성梵音聲을 연설하나니

피 주 세 간 범 도 중
彼住世間梵道中호대

선 정 신 통 상 여 의
禪定神通尙如意어든

황 출 세 간 무 유 상
況出世間無有上하고

어 선 해 탈 부 자 재
於禪解脫不自在아

그가 세간의 범도梵道 가운데 머무르되

선정과 신통이 오히려 뜻과 같거늘

하물며 세간을 벗어나 가장 높으니

선정과 해탈에 자재하지 않으랴.

삼천세계 대범왕大梵王의 신통과 보살의 해탈이 자재한 덕을 비교하여 밝혔다. 대범왕大梵王이 일체 범천梵天들이 머무는 곳에 몸을 나투어 그 앞에 앉아 미묘한 범음성梵音聲을 연설한다. 보살은 세간을 벗어나서 가장 높으며 선정과 해탈에 자재하다.

(18) 빗방울 수의 비유

마 혜 수 라 지 자 재
摩醯首羅智自在하야

대 해 용 왕 강 우 시
大海龍王降雨時에

실 능 분 별 수 기 적   어 일 념 중 개 변 료
悉能分別數其滴하야   **於一念中皆辨了**하나니

마혜수라摩醯首羅는 지혜가 자재하여

큰 바다의 용왕이 비를 내릴 때에

능히 그 빗방울의 수를 분별하여

한 생각 가운데 모두를 분별하여 요지하나니

무 량 억 겁 근 수 학   득 시 무 상 보 리 지
無量億劫勤修學하야   **得是無上菩提智**이니

운 하 불 어 일 념 중   보 지 일 체 중 생 심
云何不於一念中에   **普知一切衆生心**가

한량없는 억겁에 부지런히 닦고 배워

가장 높은 보리 지혜를 얻으니

어찌하여 한 생각 가운데

널리 일체 중생의 마음을 알지 못하겠는가.

마혜수라摩醯首羅는 지혜가 자재하여 빗방울의 수효를 다 헤아려 안다. 보살은 가장 높은 보리 지혜를 얻었으므로 일

체 중생의 마음을 모두 다 안다. 빗방울의 수를 아는 능력과 중생의 마음을 아는 지혜는 비교할 수 없다.

(19) 큰 바람의 비유

衆生業報不思議라   以大風力起世間의

중생업보부사의   이대풍력기세간

巨海諸山天宮殿과   衆寶光明萬物種하며

거해제산천궁전   중보광명만물종

중생의 업보가 부사의하여

큰 바람의 힘으로 세간의

큰 바다와 모든 산과 하늘궁전과

온갖 보배광명과 만물들을 일으키며

亦能興雲降大雨하고   亦能散滅諸雲氣하며

역능흥운강대우   역능산멸제운기

亦能成熟一切穀하고   亦能安樂諸群生하나니

역능성숙일체곡   역능안락제군생

또한 능히 구름을 일으켜 큰 비를 내리게 하고
또한 능히 모든 구름의 기운을 흩어 소멸하게도 하며
또한 능히 모든 곡식을 익게도 하며
또한 능히 모든 군생을 안락하게도 하나니라.

<small>풍 불 능 학 바 라 밀</small>　　　　<small>역 불 학 불 제 공 덕</small>
風不能學波羅蜜<small>하고</small>　　**亦不學佛諸功德**<small>호대</small>

<small>유 성 불 가 사 의 사</small>　　　　<small>하 황 구 족 제 원 자</small>
猶成不可思議事<small>어든</small>　　**何況具足諸願者**<small>아</small>

바람이 능히 바라밀을 배우지 않고
또한 모든 부처님의 공덕을 배우지 않았으되
오히려 불가사의한 일을 이루거늘
어찌 하물며 모든 원을 구족한 사람이랴.

큰 바람이 세간의 큰 바다와 모든 산과 하늘궁전과 온갖 보배광명과 만물을 일으키며, 그 외에도 구름을 일으켜서 비를 내리게 하고 곡식을 익게도 한다. 바람은 바라밀을 배우지 않고 부처님의 공덕을 배우지도 않았는데 그와 같은 일을 한다. 보살은 바라밀을 배우고 부처님의 공덕을 배우고 원을 구족하였다. 어찌 바람의 힘과 비교하겠는가.

(20) 여러 가지 소리의 비유

男子女人種種聲과　　一切鳥獸諸音聲과
大海川流雷震聲도　　皆能稱悅衆生意어든

남자와 여인의 갖가지 음성과
일체 새와 짐승의 모든 음성과
큰 바다와 하천의 흐름과 우레 소리도
다 능히 중생의 뜻에 맞아 기쁘게 하거늘

況復知聲性如響하고　　逮得無礙妙辯才하야
普應衆生而說法이어니　　而不得令世間喜아

하물며 다시 소리의 성품이 메아리와 같은 줄을 알아서
걸림이 없는 묘한 변재를 얻어
널리 중생에게 응하여 법을 설하니
능히 세간으로 하여금 기쁘게 하지 못하랴.

여러 가지 소리도 중생의 뜻에 맞춰서 기쁘게 한다. 사람들의 노랫소리와 온갖 풍류 잡히는 소리와 연주하는 소리도 다 사람을 기쁘게 한다. 보살은 소리의 성품이 메아리와 같은 줄 안다. 걸림이 없는 묘한 변재를 얻어 중생들에게 맞추어 법을 설한다. 어찌 소리와 보살의 삼매의 힘을 비교하겠는가.

(21) 큰 바다의 비유

海有希奇殊特法하야　能爲一切平等印이라
衆生寶物及川流를　普悉包含無所拒하나니

바다에는 희유하고 기이하고 특수한 법이 있어

능히 일체 것에 평등한 인印이 되는지라

중생의 보물과 하천의 흐름을

널리 다 포함하여 막지 않나니

무진선정해탈자
無盡禪定解脫者의

위평등인역여시
爲平等印亦如是하야

복덕지혜제묘행
福德智慧諸妙行을

일체보수무염족
一切普修無厭足이니라

다함없는 선정과 해탈한 사람이

평등한 인印이 됨도 또한 이와 같아서

복덕과 지혜와 모든 묘한 행을

일체를 널리 닦아 싫어함이 없느니라.

　바다도 물론 여러 가지 기이하고 특수하고 훌륭한 점이 많다. 일체 하천이 흘러들어 평등한 한 가지 짠맛으로 변하는 것이라든지, 온갖 보물이 감춰져 있는 것이라든지, 더러운 것을 청정하게 하는 능력이라든지 참으로 여러 가지 좋은 점이 많다. 그러나 보살의 삼매의 힘은 복덕과 지혜와 모든 묘한 행을 널리 닦아 바다와 비교할 것이 못 된다.

(22) 용왕의 자재한 덕의 비유

1〉구름의 색이 각각 다름의 비유

대 해 용 왕 유 희 시
大海龍王遊戱時에

보 어 제 처 득 자 재
普於諸處得自在하야

홍 운 충 변 사 천 하
興雲充徧四天下에

기 운 종 종 장 엄 색
其雲種種莊嚴色이라

큰 바다의 용왕이 유희를 할 때에
널리 모든 곳에서 자재를 얻어
구름을 일으켜 사천하에 두루 충만하니
그 구름이 가지가지 빛깔로 장엄하였느니라.

제 육 타 화 자 재 천
第六他化自在天엔

어 피 운 색 여 진 금
於彼雲色如眞金이며

화 락 천 상 적 주 색
化樂天上赤珠色이요

도 솔 타 천 상 설 색
兜率陀天霜雪色이며

제6 타화자재천에는

저 구름의 빛깔이 진금眞金과 같고

화락천에는 붉은 구슬의 빛깔이요

도솔타천에는 서리와 눈의 빛깔이며

야 마 천 상 유 리 색 　　　삼 십 삼 천 마 노 색
夜摩天上瑠璃色이요　**三十三天瑪瑙色**이며

사 왕 천 상 파 려 색 　　　대 해 수 중 금 강 색
四王天上玻瓈色이요　**大海水中金剛色**이며

야마천에는 유리瑠璃 빛깔이요

삼십삼천에는 마노瑪瑙 빛깔이며

사왕천 위에는 파려玻瓈 빛깔이요

큰 바닷물 위에는 금강 빛깔이며

긴 나 라 중 묘 향 색 　　　제 용 주 처 연 화 색
緊那羅中妙香色이요　**諸龍住處蓮華色**이며

야 차 주 처 백 아 색 　　　아 수 라 중 산 석 색
夜叉住處白鵝色이요　**阿修羅中山石色**이며

긴나라 가운데는 묘한 향기 빛깔이요

모든 용이 머무는 곳에는 연꽃 빛깔이며

야차가 머무는 곳에는 흰 거위의 빛깔이요

아수라 가운데는 산의 돌 빛깔이며

울 단 월 처 금 염 색   염 부 제 중 청 보 색
鬱單越處金焰色이요   **閻浮提中靑寶色**이며

여 이 천 하 잡 장 엄   수 중 소 락 이 응 지
餘二天下雜莊嚴이니   **隨衆所樂而應之**니라

울단월처鬱單越處는 금불꽃 빛깔이요

염부제閻浮提 가운데는 푸른 보석 빛깔이며

나머지 두 천하는 잡색의 장엄이니

중생의 좋아하는 바를 따라서 맞추었느니라.

  인도에서는 일찍부터 뇌성雷聲이 치고 번개가 번쩍이고 구름이 일고 비가 내리는 등등의 일은 모두 용龍의 조화라고 하였다. 다시 말하면 용이라는 의미를 뇌성이 치고 번개가 번쩍이고 구름이 일고 비를 내릴 수 있게 하는 천체의 표면

을 둘러싸고 있는 기체, 즉 대기大氣로 본 것이다. 용은 곧 대기이고 대기는 곧 용이라는 뜻이다. 그러므로 구름을 일으키는 것은 대기의 변화이면서 용의 조화다.

지구상에서만 보더라도 구름의 종류는 많다. 권운인 새털구름과 권적운인 조개구름과 층권운인 높층구름과 난층운인 비구름과 적운인 뭉게구름과 층적운인 두루마리구름과 층운인 안개구름과 고적운인 높쌘구름 등이 있다. 만약 타화자재천이나 화락천, 도솔타천, 야마천, 삼십삼천 등등을 다 열거한다면 그 수가 대단히 많을 것이다.

2〉 전광電光이 차별한 비유

우 부 타 화 자 재 천
又復他化自在天엔

운 중 전 요 여 일 광
雲中電曜如日光이며

화 락 천 상 여 월 광
化樂天上如月光이요

도 솔 천 상 염 부 금
兜率天上閻浮金이며

또나시 타화사새친에는
구름 속에서 치는 번개는 밝기가 햇빛과 같고
화락천 위에는 달빛과 같고

도솔천 위에는 염부금閻浮金 빛이며

야 마 천 상 가 설 색   삼 십 삼 천 금 염 색
夜摩天上珂雪色이요   **三十三天金焰色**이며

사 왕 천 상 중 보 색   대 해 지 중 적 주 색
四王天上衆寶色이요   **大海之中赤珠色**이며

야마천 위에는 흰 눈 빛이요

삼십삼천은 금불꽃 빛이며

사왕천 위에는 온갖 보석 빛이요

큰 바다 가운데는 붉은 구슬 빛이며

긴 나 라 계 유 리 색   용 왕 주 처 보 장 색
緊那羅界瑠璃色이요   **龍王住處寶藏色**이며

야 차 소 주 파 려 색   아 수 라 중 마 노 색
夜叉所住玻瓈色이요   **阿修羅中瑪瑙色**이며

긴나라緊那羅 세계에는 유리 빛이요

용왕이 머무는 곳에는 보배창고 빛이며

야차가 머무는 곳에는 파려 빛이요

아수라 가운데는 마노 빛이며

울 단 월 경 화 주 색 　　　염 부 제 중 제 청 색
鬱單越境火珠色이요　　**閻浮提中帝靑色**이며

여 이 천 하 잡 장 색 　　　여 운 색 상 전 역 연
餘二天下雜莊色이니　　**如雲色相電亦然**이니라

울단월 경계에는 불구슬의 빛이요
염부제 가운데는 제청의 빛이며
나머지 두 천하는 잡색의 장엄이니
구름 빛의 모습같이 번개도 또한 그러하니라.

　용龍의 조화인 대기의 변화로 말미암아 일어나는 구름의 빛깔도 다양하지만 번갯불의 빛도 각양각색이다. 우리가 사는 지구상에서도 번갯불은 하나도 같은 것이 없다. 만약 위에서 열거한 타화자재천이나 화락천, 도솔타천, 야마천, 삼십삼천 등에서의 번갯불이라면 그 종류가 얼마나 많겠는가.

3〉 뇌성雷聲이 같지 아니한 비유

他化雷震如梵音이요   化樂天中天鼓音이며

兜率天上歌唱音이요   夜摩天上天女音이며

타화자재천의 우레 소리는 범음梵音과 같고

화락천 가운데는 하늘북 소리며

도솔천 위에는 노랫소리요

야마천 위에는 천녀의 음성이며

於彼三十三天上엔   如緊那羅種種音이요

護世四王諸天所엔   如乾闥婆所出音이며

저 삼십삼천 위에는

긴나라의 갖가지 음성과 같고

호세사천왕의 여러 하늘에는

건달바가 내는 음성과 같으며

해 중 양 산 상 격 성
海中兩山相擊聲이요　　緊那羅中簫笛聲이며
　　　　　　　　　　　　긴 나 라 중 소 적 성

제 용 성 중 빈 가 성
諸龍城中頻伽聲이요　　**夜叉住處龍女聲**이며
　　　　　　　　　　　　야 차 주 처 용 녀 성

바다 가운데는 두 산이 서로 부딪치는 소리요
긴나라 가운데는 퉁소 소리며
모든 용의 성城 가운데는 빈가頻伽 음성이요
야차가 머무는 곳에는 용녀의 음성이며

아 수 라 중 천 고 성　　　어 인 도 중 해 조 성
阿修羅中天鼓聲이요　　**於人道中海潮聲**이니라

아수라 가운데는 하늘북의 소리요
사람의 가운데는 바다 조수潮水의 소리니라.

　용龍의 조화인 대기의 변화로 말미암아 일어나는 우레 소리도 타화자재천이나 화락천, 도솔타천, 야마천, 삼십삼천 등등 장소마다 하늘마다 다 다르다. 우리가 사는 지구에서 일어나는 우레 소리도 단 한 번도 같은 소리는 없다. 용의 조화든 대기의 변화든 우주의 온갖 변화에서 발생하는 갖가지 모습과 소리는 참으로 불가사의하다.

4〉 비를 내림이 같지 아니한 비유

　　타 화 자 재 우 묘 향　　　　　종 종 잡 화 위 장 엄
　　他化自在雨妙香과　　　　　**種種雜華爲莊嚴**하고

　　화 락 천 우 다 라 화　　　　　만 다 라 화 급 택 향
　　化樂天雨多羅華와　　　　　**曼陀羅華及澤香**하며

타화자재천에는 묘한 향을 비 내려서

갖가지 온갖 꽃으로 장엄하였고

화락천은 다라多羅꽃과

만다라曼陀羅꽃과 택향澤香을 비 내리며

　　도 솔 천 상 우 마 니　　　　　구 족 종 종 보 장 엄
　　兜率天上雨摩尼와　　　　　**具足種種寶莊嚴**과

　　계 중 보 주 여 월 광　　　　　상 묘 의 복 진 금 색
　　髻中寶珠如月光과　　　　　**上妙衣服眞金色**하며

도솔천 위에는 마니보석을 비 내려

갖가지 보배장엄을 구족하여

상투 가운데 보배구슬은 달빛과 같고

가장 묘한 의복은 진금 빛이라.

야 마 중 우 당 번 개 　　　　화 만 도 향 묘 엄 구
夜摩中雨幢幡蓋와　　　**華鬘塗香妙嚴具**와

적 진 주 색 상 묘 의 　　　　급 이 종 종 중 기 악
赤眞珠色上妙衣와　　　**及以種種衆妓樂**하며

야마천 가운데는 깃대와 깃대 덮개를 비 내리고

꽃다발과 바르는 향과 묘한 장엄거리와

붉은 진주 빛깔의 가장 묘한 옷과

가지가지 온갖 기악으로 비 내리며

삼 십 삼 천 여 의 주　　　　견 흑 침 수 전 단 향
三十三天如意珠와　　　**堅黑沈水栴檀香**과

울 금 계 라 다 마 등　　　　묘 화 향 수 상 잡 우
鬱金雞羅多摩等과　　　**妙華香水相雜雨**하며

삼십삼천에는 여의주와

견고하고 검은 침수沈水향 전단향과

울금鬱金향과 계라다마雞羅多摩향 등과

묘한 꽃과 향수가 서로 섞여 비 내리며

호 세 성 중 우 미 선 **護世城中雨美饍**의	색 향 미 구 증 장 력 **色香味具增長力**하고
역 우 난 사 중 묘 보 **亦雨難思衆妙寶**하니	실 시 용 왕 지 소 작 **悉是龍王之所作**이니라

세상을 보호하는 성 가운데는 좋은 반찬이 비 내려서

빛과 향기와 맛을 갖추어 힘을 증장하고

또한 사의하기 어려운 온갖 묘한 보배를 비 내리니

다 이 용왕龍王의 지은 바이니라.

용왕龍王의 지은 바가 이와 같이 불가사의하다. 대기大氣의 변화도 또한 이와 같이 불가사의하다. 천지만물에 시시각각으로 펼쳐지는 현상 모두가 자연의 조화라고 하더라도 그 역시 불가사의하다. 곳곳에 내리는 비는 같은 것이 없으며, 비를 받아들이는 삼라만상도 같은 바가 없어서 각각 다르다. 보살의 중생을 위한 설법이 근기를 따라 이와 같이 여러 가지라는 것을 비유하였다.

만다라曼陀羅는 열의悅意라는 뜻이고, 택향澤香은 도향塗香이라는 뜻이다. 또 계라다마鷄羅多摩에서 계라鷄羅는 화예花蕊고 다마多摩는 천상화天上華다. 이 향은 천상화의 꽃술로 만든 것이다.

又復於彼大海中엔 霪雨不斷如車軸하며
復雨無盡大寶藏하고 亦雨種種莊嚴寶하며

또다시 저 큰 바다 가운데엔
때맞춰 내리는 비가 끊이지 않아 수레바퀴와 같고
다시 다함없는 큰 보배창고도 비 내리고
또한 갖가지 장엄보배도 비 내리며

긴 나 라 계 우 영 락　　　　중 색 연 화 의 급 보
緊那羅界雨瓔珞과　　　　**衆色蓮華衣及寶**와

파 리 사 가 말 리 향　　　　종 종 악 음 개 구 족
婆利師迦末利香과　　　　**種種樂音皆具足**하며

긴나라 세계에는 영락이 비 내리고

온갖 빛깔 연꽃의 옷과 보배와

파리사가婆利師迦향과 말리향末利香과

갖가지 음악 소리를 모두 갖추었으며

제 용 성 중 우 적 주　　　　야 차 성 내 광 마 니
諸龍城中雨赤珠하고　　　**夜叉城內光摩尼**하며

아 수 라 중 우 병 장　　　　최 복 일 체 제 원 적
阿修羅中雨兵仗하야　　　**摧伏一切諸怨敵**하며

모든 용의 성城 가운데는 붉은 구슬이 비 내리고

야차성 안에는 빛나는 마니며

아수라 가운데는 병장兵仗을 비 내려서

일체 모든 원수와 적을 꺾어 항복시키며

울 단 월 중 묘 영 락　　　　　역 우 무 량 상 묘 화
鬱單越中妙瓔珞하고　　**亦雨無量上妙華**하며

불 파 구 야 이 천 하　　　　　실 우 종 종 장 엄 구
弗婆瞿耶二天下엔　　**悉雨種種莊嚴具**하며

울단월鬱單越 가운데는 영락을 비 내리고

또한 한량없는 가장 묘한 꽃을 비 내리며

불파弗婆와 구야瞿耶 두 천하에는

다 갖가지 장엄거리가 비 내리며

염 부 제 우 청 정 수　　　　　미 세 열 택 상 응 시
閻浮提雨清淨水호대　　**微細悅澤常應時**하야

장 양 중 화 급 과 약　　　　　성 숙 일 체 제 묘 가
長養衆華及果藥하고　　**成熟一切諸苗稼**니라

염부제에는 깨끗한 물이 비 내리되

미세한 기쁨의 비가 항상 때에 응하여

온갖 꽃과 과일과 약초를 길러 내고

일체 모든 곡식의 싹을 익게 하나니라.

시역과 장소를 따라 내리는 비가 가지가지다. 염부제에

十二. 현수품賢首品 2

는 깨끗한 물이 비가 되어 내리는데 갖가지 꽃과 과일과 약초를 길러 내고 일체 모든 곡식의 싹을 익게 한다. 파리사가婆利師迦는 비가 내릴 때 피는 꽃의 향기다. 말리향末利香은 꽃의 이름이다. 그 색은 황금빛이다.

(23) 하열함을 들어서 수승함을 나타내다

여 시 무 량 묘 장 엄
如是無量妙莊嚴과

종 종 운 전 급 뇌 우
種種雲電及雷雨를

용 왕 자 재 실 능 작
龍王自在悉能作호대

이 신 부 동 무 분 별
而身不動無分別이니

이와 같은 한량없는 묘한 장엄과
갖가지 구름과 번개와 우레와 비를
용왕龍王이 자재하게 다 능히 짓되
몸은 움직이지도 않고 분별도 없느니라.

피 어 세 계 해 중 주
彼於世界海中住로대

상 능 현 차 난 사 력
尙能現此難思力이어든

황 입 법 해 구 공 덕   이 불 능 위 대 신 변
況入法海具功德하고   而不能爲大神變가

용왕은 세계바다 가운데 머무르되
오히려 능히 이 사의하기 어려운 힘을 나타내거늘
하물며 법의 바다에 들어가 공덕을 갖추고서야
능히 신통변화를 짓지 못하랴.

 "이와 같은 한량없는 묘한 장엄과 갖가지 구름과 번개와 우레와 비를 용왕龍王이 자재하게 다 능히 짓되 몸은 움직이지도 않고 분별도 없다."라는 것은 용왕이 자재하게 능히 짓는 일이 곧 천체를 둘러싸고 있는 대기의 변화작용임을 보여주는 대목이다. 아무튼 용왕은 그와 같이 사의하기 어려운 힘을 나타내는데 보살은 위대한 삼매의 능력으로 법의 바다에 들어가 공덕을 갖추고 신통변화를 짓지 못하겠는가. 대기의 변화작용이 아무리 위대하다 하여도 보살의 삼매의 힘에는 미치지 못함을 밝힌 내용이다.

(24) 비유를 맺어 덕을 나타내다

彼^피諸^제菩^보薩^살解^해脫^탈門^문을 一^일切^체譬^비喩^유無^무能^능顯^현일새

我^아今^금以^이此^차諸^제譬^비喩^유로 略^약說^설於^어其^기自^자在^재力^력이로라

저 모든 보살의 해탈문은
일체 것으로 비유하여도 능히 나타낼 수 없을새
내가 이제 이러한 모든 비유로
간략히 그 자재한 힘을 설하였노라.

그동안 성문의 신통을 들어서 비유하고, 해와 달을 들어서 비유하고, 물에 비친 형상을 들어서 비유하고, 음성을 들어서 비유하고, 마지막에는 용왕의 일을 들어서 비유하는 등 수많은 비유를 다 들어 보았지만 보살의 삼매력에는 미치지 못하였음을 밝혔다. 열 가지 믿음, 즉 십신十信[3]을 구족한 보살의 지위란 이와 같이 불가사의하다.

---

3) 보살이 수행하는 52위의 단계 가운데 제1위에서 제10위까지의 단계다. 곧 신심信心에서 염심念心, 정진심精進心, 혜심慧心, 정심定心, 사심捨心, 호법심護法心, 회향심廻向心, 계심戒心, 원심願心까지를 말한다.

13) 앞의 말을 모두 맺다

제일지혜광대혜
第一智慧廣大慧와

진실지혜무변혜
眞實智慧無邊慧와

승혜급이수승혜
勝慧及以殊勝慧인

여시법문금이설
如是法門今已說호니

제일의 지혜며 넓고 큰 지혜며

진실한 지혜며 끝없는 지혜며

수승한 지혜며 가장 수승한 지혜인

이와 같은 법문을 이제 설하였노라.

십신법문의 끝은 지혜다. 확고한 믿음이 구축되면 지혜는 자연스럽게 따라온다. 믿음이 성취되고 지혜가 그 뒤를 따르고 자비를 갖춰서 보현행으로 나아가는 것이 불교 수행의 바른길이기 때문이다. 제일의 지혜와 넓고 큰 지혜와 진실한 지혜와 끝없는 지혜와 수승한 지혜와 가장 수승한 지혜도 실은 저절로 얻어지는 자연지혜며, 본래로 자기 자신에게 갖춰진 무사無師지혜다. 즉 진여자성의 무량지혜성無量智慧性을 드러내는 것이다.

14) 믿고 받아들이기 어려움을 밝히다

차 법 희 유 심 기 특　　　　약 인 문 이 능 인 가
此法希有甚奇特이라　　**若人聞已能忍可**하야

능 신 능 수 능 찬 설　　　　여 시 소 작 심 위 난
能信能受能讚說하면　　**如是所作甚爲難**이니라

이 법은 희유하고 심히 기특하여

만약 어떤 사람이 듣고서 능히 인가하여

능히 믿고 능히 받고 능히 찬탄하여 설하면

이렇게 하는 일은 심히 어려움이 되느니라.

세 간 일 체 제 범 부　　　　신 시 법 자 심 난 득
世間一切諸凡夫가　　**信是法者甚難得**이어니와

약 유 근 수 청 정 복　　　　이 석 인 력 내 능 신
若有勤修淸淨福인댄　　**以昔因力乃能信**이니라

세간의 일체 모든 범부들 중에

이 법을 믿는 사람 심히 얻기 어렵거니와

만약 어떤 이가 청정한 복을 부지런히 닦으면

옛적 인연의 힘으로 능히 믿게 되리라.

이 현수품의 설법을 믿고 받아들이기 어려움을 밝히는 내용이다. 화엄경 39품 중에서 만약 한 품만을 강설할 경우라면 당연히 이 현수품을 강설하고 싶다는 생각을 하였는데 이 품에서 경문이 스스로 그 위대함을 증명하고 있다.

물론 화엄경의 내용이 다른 경전과 비교가 안 될 정도로 많다 하더라도 한 줄, 한 구절, 한 게송, 한 글자도 소홀히 할 수 없다. 실로 화엄경 공부가 모래밭에 들어가서 모래를 세는 일이라 하더라도 그 많은 모래가 더욱더 많았으면 하는 마음으로 공부한다. 왜냐하면 화엄경 공부는 참으로 희유하고 신기하고 환희롭기 때문이다. 아마도 옛적에 청정한 복을 부지런히 닦은 그 인연의 힘이라.

일 체 세 간 제 군 생
一切世間諸群生이

소 유 욕 구 성 문 승
少有欲求聲聞乘하며

구 독 각 자 전 부 소
求獨覺者轉復少하고

취 대 승 자 심 난 우
趣大乘者甚難遇라

일체 세간의 모든 군생이
성문승聲聞乘을 구하고자 하는 이는 조금 있으며

독각獨覺을 구하는 자는 더욱 다시 적으며
대승大乘에 나아가는 자는 심히 만나기 어렵도다.

취 대 승 자 유 위 이　　　능 신 차 법 배 갱 난
趣大乘者猶爲易이어니와 **能信此法倍更難**이어든

황 부 지 송 위 인 설　　　여 법 수 행 진 실 해
況復持誦爲人說하야 **如法修行眞實解**아

대승에 나아가는 자는 오히려 쉽거니와
능히 이 법을 믿는 이는 배나 다시 어렵거늘
하물며 다시 지니고 외우고 남을 위해 설하며
여법하게 수행하고 진실하게 아는 사람이겠는가.

　불교를 수행하는 사람 중에 성문승은 조금 있을 수 있다. 그러나 연각승은 더욱 적다. 연각승이 조금 있다 하더라도 대승을 공부하는 사람은 심히 적다. 설사 대승법을 공부한다 하더라도 이 현수품을 받아 가지고 독송하고 남을 위해 강설하고 여법하게 수행하여 진실하게 이해하는 사람은 참으로 만나기 어렵다. 한국의 불교도들도 하루빨리 화

엄경을 공부하여 대다수가 가고 있는 소승불교에서 탈피하여 화엄불교로 전환하여야 한다.

유이삼천대천계   정대일겁신부동
有以三千大千界로   **頂戴一劫身不動**이라도

피지소작미위난   신시법자내위난
彼之所作未爲難이어니와   **信是法者乃爲難**이니라

삼천대천세계를 머리에 이고
한 겁 동안 몸을 움직이지 않더라도
그것을 짓는 바는 어렵지 않거니와
이 법을 믿는 것이 어려우니라.

유이수경십불찰   진어일겁공중주
有以手擎十佛刹하고   **盡於一劫空中住**라도

피지소작미위난   능신자법내위난
彼之所作未爲難이어니와   **能信此法乃爲難**이니라

손으로 열 불찰세계를 받들어

한 겁이 다하도록 허공 가운데 머물더라도
그것을 짓는 바는 어렵지 않거니와
능히 이 법을 믿는 것은 어려우니라.

삼천대천세계를 머리에 이고 한 겁 동안 몸을 움직이지 않는 일은 얼마나 어려운가. 또 손으로 열 불찰세계를 받들어 한 겁이 다하도록 허공 가운데 머물러 있는 일은 얼마나 어려운가. 그러나 그것은 차라리 쉬운 일이다. 이 현수품의 법문을 믿는 일이 훨씬 더 어려운 일이라고 한다.

십 찰 진 수 중 생 소
十刹塵數衆生所에
실 시 락 구 경 일 겁
悉施樂具經一劫이라도
피 지 복 덕 미 위 승
彼之福德未爲勝이어니와
신 차 법 자 위 최 승
信此法者爲最勝이니라

열 세계 티끌 수의 중생이 있는 곳에
다 즐길 거리를 보시하며 한 겁을 지내더라도
그것의 복덕은 수승함이 되지 못하거니와
이 법을 믿는 것은 가장 수승함이 되느니라.

십 찰 진 수 여 래 소 　　　　실 개 승 사 진 일 겁
十刹塵數如來所에　　　**悉皆承事盡一劫**이라도

약 어 차 품 능 송 지 　　　　기 복 최 승 과 어 피
若於此品能誦持하면　　　**其福最勝過於彼**니라

열 세계 티끌 수의 여래께서 계신 곳에서
다 모두 받들어 섬기며 한 겁을 지내더라도
만약 이 현수품을 능히 외우고 지니면
그 복이 가장 수승하여 저 복덕보다 많으리라.

　열 세계 티끌 수의 중생이 있는 곳에 다 즐길 거리를 보시하며 한 겁을 지내는 일은 또한 얼마나 큰 복덕이 되는가. 열 세계 티끌 수의 여래께서 계신 곳에서 다 모두 받들어 섬기며 한 겁을 지내는 일은 또 얼마나 큰 복덕이 되는가. 그러나 만약 이 현수품을 능히 외우고 지니면 그 복이 가장 수승하여 저 복덕보다 훨씬 더 많으리라. 정법에 대한 진정한 믿음이란 이와 같이 어렵고 그 복덕은 수승하여 헤아릴 수 없다.

3. 시방세계의 부처님들이 증명하다

時에 賢首菩薩이 說此偈已하신대 十方世界가 六
反震動하야 魔宮이 隱蔽하고 惡道가 休息이라 十方
諸佛이 普現其前하사 各以右手로 而摩其頂하고 同
聲讚言하사대 善哉善哉라 快說此法이여 我等一切가
悉皆隨喜라하시니라

 이때에 현수보살이 이 게송을 말씀하여 마치니, 시방세계가 여섯 가지로 진동하여 마魔의 궁전은 숨어 버리고 악도는 모두 쉬었으며 시방의 모든 부처님들이 널리 그 앞에 나타나시어 각각 오른손으로 그의 이마를 만지시며 같은 소리로 찬탄하셨습니다. "훌륭하고 훌륭하도다. 이 법문을 통쾌하게 설함이여, 우리들 일체가 모두 다 따라서 기뻐하노라."

모두가 게송으로 된 현수품의 설법이 이제 끝났다. 참으로 훌륭한 말씀과 좋은 가르침이 많다. 이와 같은 설법이 끝나니 육근과 육진과 육식이 감동을 받아 온몸과 온 마음이 환희에 들뜨고 전율을 일으킨다. 진정으로 신심이 있는 사람이라면 이 현수품의 법문을 마음에 새겨서 잊지 않으리라.

현수보살의 이와 같은 설법이 끝나자 시방의 모든 부처님들이 널리 그 앞에 나타나시어 각각 오른손으로 그의 이마를 만지시며 같은 소리로 "훌륭하고 훌륭하도다."라고 찬탄하셨다.

이렇게 해서 보광명전에서 설하신 제2회의 여섯 품 설법이 모두 끝났다. 그 여섯 품이란 여래명호품과 사성제품과 광명각품과 보살문명품과 정행품과 현수품이다. 법문의 내용은 십신十信법문이라 한다. 십주十住나 십행十行이나 십회향十廻向과 같은 구체적인 십신이라는 명제는 없으나 "믿음은 도의 근원이며 공덕의 어머니라."라는 등 믿음에 대한 뛰어난 법문으로 믿음의 중요성을 확실하게 밝혔다. 다음은 십주법문이 중심이 된 제3회 설법으로 이어진다.

현수품 끝

〈제15권 끝〉

華嚴經 構成表

分次	周次			內容	品數	會次
舉果勸樂生信分 (信)	所信因果周			如來依正	世主妙嚴品 第一 如來現相品 第二 普賢三昧品 第三 世界成就品 第四 華藏世界品 第五 毘盧遮那品 第六	初會
修因契果生解分 (解)	差別因果周	差別因		十信	如來名號品 第七 四聖諦品 第八 光明覺品 第九 菩薩問明品 第十 淨行品 第十一 賢首品 第十二	二會
				十住	昇須彌山頂品 第十三 須彌頂上偈讚品 第十四 十住品 第十五 梵行品 第十六 初發心功德品 第十七 明法品 第十八	三會
				十行	昇夜摩天宮品 第十九 夜摩天宮偈讚品 第二十 十行品 第二十一 十無盡藏品 第二十二	四會
				十迴向	昇兜率天宮品 第二十三 兜率宮中偈讚品 第二十四 十迴向品 第二十五	五會
				十地	十地品 第二十六	六會
				等覺	十定品 第二十七 十通品 第二十八 十忍品 第二十九 阿僧祇品 第三十 如來壽量品 第三十一 菩薩住處品 第三十二	七會
		差別果		妙覺	佛不思議法品 第三十三 如來十身相海品 第三十四 如來隨好光明功德品 第三十五	
	平等因果周	平等因			普賢行品 第三十六	
		平等果			如來出現品 第三十七	
托法進修成行分 (行)	成行因果周			二千行門	離世間品 第三十八	八會
依人證入成德分 (證)	證入因果周			證果法門	入法界品 第三十九	九會

(資料：文殊經典研究會)

會場	放光別	會主	入定別	說法別舉
菩提場	遮那放齒光眉間光	普賢菩薩為會主	入毘盧藏身三昧	如來依正法
普光明殿	世尊放兩足輪光	文殊菩薩為會主	此會不入定，信未入位故	十信法
忉利天宮	世尊放兩足指光	法慧菩薩為會主	入無量方便三昧	十住法門
夜摩天宮	如來放兩足趺光	功德林菩薩為會主	入菩薩善思惟三昧	十行法門
兜率天宮	如來放兩膝輪光	金剛幢菩薩為會主	入菩薩智光三昧	十廻向法門
他化天宮	如來放眉間毫相光	金剛藏菩薩為會主	入菩薩大智慧光明三昧	十地法門
再會普光明殿	如來放眉間口光	如來為會主	入剎那際三昧	等妙覺法門
三會普光明殿	此會佛不放光，表行依解法依解光故	普賢菩薩為會主	入佛華莊嚴三昧	二千行門
祇陀園林	放眉間白毫光	如來善友為會主	入獅子頻申三昧	果法門

如天 無比

1943년 영덕에서 출생하였다. 1958년 출가하여 덕흥사, 불국사, 범어사를 거쳐 1964년 해인사 강원을 졸업하고 동국역경연수원에서 수학하였다. 10여 년 선원생활을 하고 1976년 탄허스님에게 화엄경을 수학하고 전법, 이후 통도사 강주, 범어사 강주, 은해사 승가대학원장, 대한불교조계종 교육원장, 동국역경원장, 동화사 한문불전승가대학원장 등을 역임하였다. 2018년 5월에는 수행력과 지도력을 갖춘 승립 40년 이상 되는 스님에게 품서되는 대종사 법계를 받았다.

현재 부산 문수선원 문수경전연구회에서 150여 명의 스님과 300여 명의 재가 신도들에게 화엄경을 강의하고 있다. 또한 다음 카페 '염화실'(http://cafe.daum.net/yumhwasil)을 통해 '모든 사람을 부처님으로 받들어 섬김으로써 이 땅에 평화와 행복을 가져오게 한다.'는 인불사상(人佛思想)을 펼치고 있다.

저서로『무비스님의 유마경 강설』(전 3권),『대방광불화엄경 실마리』,『무비스님의 왕복서 강설』,『무비스님이 풀어 쓴 김시습의 법성게 선해』,『법화경 법문』,『신금강경 강의』,『직지 강설』(전 2권),『법화경 강의』(전 2권),『신심명 강의』,『임제록 강설』,『대승찬 강설』,『당신은 부처님』,『사람이 부처님이다』,『이것이 간화선이다』,『무비 스님과 함께하는 불교공부』,『무비 스님의 증도가 강의』,『일곱 번의 작별인사』, 무비 스님이 가려 뽑은 명구 100선 시리즈(전 4권) 등이 있고 편찬하고 번역한 책으로『화엄경(한글)』(전 10권),『화엄경(한문)』(전 4권),『금강경 오가해』 등이 있다.

대방광불화엄경 강설 제15권

| 초판 1쇄 발행_ 2014년 12월 10일
| 초판 3쇄 발행_ 2020년 9월 2일

| 지은이_ 여천 무비(如天 無比)
| 펴낸이_ 오세룡
| 편집_ 박성화 손미숙 김정은 김영미
| 기획_ 최은영 곽은영
| 디자인_ 고혜정 김효선 장혜정
| 홍보 마케팅_ 이주하
| 펴낸곳_ 담앤북스
　　　　서울특별시 종로구 새문안로3길 23 경희궁의 아침 4단지 805호.
　　　　대표전화 02)765-1251 전송 02)764-1251 전자우편 damnbooks@hanmail.net
　　　　출판등록 제300-2011-115호
| ISBN　978-89-98946-40-1　04220

정가 14,000원

ⓒ 무비스님 2014